# 山と過ごした一日

萩生田浩

西田書店

山と過ごした一日——目次

装丁　臼井新太郎装釘室
カバー写真　萩生田　浩

# 山と過ごした一日

# 冬隣り

改札口を出ると、思わず「寒いっ」という言葉が口をついて出た。

夜七時に列車は茅野駅に着いたが、駅前の店はすでに軒並みシャッターを下ろし、通りには人影もまばらだった。シャツの上から薄い防風着を重ね着しただけの私は、ザックを背負った肩をすぼめながら、開いている食堂を探して歩いた。けれど、どの路地を曲がっても、灯りがともっているのは居酒屋の赤提灯と、カラオケの歌声が漏れるさびれたスナックだけだった。

知らない町で一人で、それも一見してよそ者と分かりそうな格好で飲み屋の暖簾《のれん》をくぐるのも気が進まない。空腹と人けのなさが、さらに寒さをつのらせた。夜の地方都市とはこんなものなのか。七時ならまだ食堂くらいやっているだろうと思い、途中駅で駅弁すら買ってこなかった自分にいまさら腹を立てたところで仕方がない。いったん駅に戻ってみると、到着したときには開いていた立ち食いそばの店も閉まっていた。しかし、駅に戻ったおかげで、なにもないと思っていた北口にコンビニの灯りを見つけた。そこで売れ残りのような弁当と翌日の昼食用のおにぎりを買うと、私は予約しておいた安いビジネスホテルへと足を速めた。

チェックインを済ませて部屋に入り、風呂に湯を満たしながら自販機コーナーで買った缶ビールを飲んでいると、ようやく人心地がついた。寝る前に小さな窓から外を見ると、名も知らぬ大小の星々が、信州の夜空に瞬いていた。

*

翌朝、ホテルの食堂で朝食をとってから、部屋でテレビをつけたまま身仕度をしていると、「白馬・大町方面では十月としては十四年ぶりの積雪でした」と、地方局のアナウンサーが伝えていた。昨夜《ゆうべ》の寒さも合点がいく。窓から見える八ヶ岳の稜線がうっすらと白い。霧氷なのか積雪なのかは分からないが、冷え込んだのは確かなようである。その代わり、空には雲ひとつない。

ホテルを出て駅へ向かう。空気は冷たいが、背に受ける朝日で寒いとは感じなかった。八時ちょうど、駅前からタクシーに乗り、行先を告げる。

「お客さん、いい日に来ましたねえ」

走り始めた途端、運転手が言う。そのとおりだ。いい日を狙って来たのだから……。心の中で私はつぶやいた。

一ト月ほど前に守屋山へ行こうと決めてから、仕事の状況と好天の頃合いを見計らっていたのだ。そうこうしているうちに、十月もあと一日を残すところまで来てしまった。だから「いい日」になってくれなければ、この日まで待った甲斐がない。

市街地を抜け、「冬は凍って嫌なんですよ」と運転手が言う山蔭の道を、車は杖突峠へと上がっていく。

かつて、茅野・高遠間には路線バスが走っていた。その後、車社会が発達したせいか一度は廃止になったが、何年か前から午前と午後に一本ずつ運行されるようになった。午前のバスで登山口に行けば、山を下りてきてちょうど午後のバスで帰ることができる。登山者のためを思ってのことではないのだろうが、うまい具合に、そんな間隔である。バスに乗ってもよかったのだが、山中でのんびりしたいと思い、私はタクシーで向かうことにした。下山後は、その午後に一本きりの三時のバスで茅野に戻る予定でいた。

駅から二十分ほどで杖突峠を越え、登山口に到着。そこは、なだらかな山の斜面に落葉松《からまつ》の疎林が広がる、高原のような場所だった。八時三十分、タクシーを見送り、山道を登り始める。天気はいいが、林の中なので眺望はない。鈍い黄金色に色づいた落葉松の梢が頭上に広がっていた。

急な上りもなく、山道は落葉松林の中を進む。展望が得られないのはもどかしいが、頂上に着くまで雲が広がらないことを祈るしかない。なだらかな道は丘のような起伏を越えると沢沿いの林道に下り立つ。砂利道をわずかに進むと、ガイドブックに「造林小屋」とある小屋の前に着いた。

休憩するのにいいよ。

出がけに山仲間が教えてくれた場所である。かつてはキャンプ場だったという小広い草地にベンチが置かれ、目の前を沢が流れている。計画時に地図を眺めていたときには、もっと殺風景なところを想像していたが、整備された園地のようで、確かに小休止するのにふさわしい、気持ちのいい場所だった。

下ろしたザックをベンチに置き、一服しながらあたりをうろつく。〈座禅草群生地〉の案内板が立ち散策路もあるようだが、花の時季ではない。造林小屋は看板が〈避難小屋〉になっていた。中を覗くと、中央の土間を挟んで左右に四畳ほどの木の床があり、何人か泊まれるようになっている。

そのとき、山頂方向から下りてくる人がいた。音がしたときには一瞬緊張したが、山での作業者や、ましてや熊などではない。ザックを背負っているので登山者と分かる。挨拶を交わしただけで、三十代とおぼしき彼は、私が辿ってきた道を足早に下っていった。

だが、まだ朝の九時である。なぜ、こんな早い時間に……。この時間に下りてくるには、登山口を七時頃に歩き始めなければならないだろう。それとも山頂にテントでも張って一泊したのだろうか。あまりにも早い下山者との遭遇に、私は今朝の天気を思い出しながら、勝手な想像をした。

彼は茅野の街に住んでおり、朝起きたら最高の青空だった。急遽、仕度をし、愛車を駆って、もう何度も登っている守屋山を目指した。急げば登山口から二時間ほどで山頂の東峰を往復できる。彼はそう踏んで、山頂で眺望を楽しみ、下ってきたのである。これから茅野市内にある勤務先へ向かっても、十時の始業時間なら充分間に合う。確か登山口の駐車場には車が一台停まっていた。そのことが想像を確信に変えた。

山のある町に暮らす人への羨望を覚えながら、私も早く山頂に立ちたいと思った。地元の人が早朝から登りたくなるほど、今日は〝展望日和〟なのである。尾根に取り付き、いよいよ山頂への登りにかかる。相変わらずの落葉松林の中を足を運ぶ。休憩適地を教えてくれた山仲間が「落葉松の山だよ」と言っていた言葉もうなずける。

ところが、私を驚かせたのは早い下山者だけではなかった。じきに山道にうっすらと雪が現れたのである。まだ十月だというのに、いくら信州とはいえ、守屋山は標高一六〇〇メートルほどの山にすぎない。昨日、白馬方面に雪を積もらせた寒気が、ここまで手を伸ばしたのだろうか。林床の笹の上にも積もっているということは、何日も前に降ったものが消え残っているのではない。おそらく昨日の昼間か、あるいは夜半に一時的に降ったものなのだろう。

思いもかけない初雪を踏みながら高度を上げていく。しかし、雪はほんのわずかのあいだだけで、じきに消えてしまった。ほどなく林が切れ、草原のような笹原を登ると、徐々に守屋山東峰の頂が近づいてきた。

お客さん、いい日に来ましたねえ。

タクシー運転手の言葉が背中を押し、足を急がせる。

九時四十五分、東峰に到着。露岩の目立つ山頂には、さえぎるもののない大展望が待っていた。北には青い湖面を見せる諏訪湖。東には八ヶ岳の峰々。そして南アルプスに中央アルプス。どの山頂も新雪をまとっている。西に目を転じれば、低い山並みの遥か奥に、すでに真っ白な化粧をした乗鞍岳が女王のように聳えていた。だが、北アルプスは槍・穂高がかろうじて望める程度で、後立山《うしろたてやま》連峰は重い雲の中に姿を隠していた。

ザックを背負ったまま、私は腰を下ろすのも忘れて周囲を眺め回した。眺め終えると、今度はカメラでまわりの山々を写す。山頂の北の端へ行き、南の端へ移り、またアングルを変え、シャッターを切る。はたから見たらなんと落ち着きのない登山者と映ることだろうと思いながら、ようやくザックを下ろし、岩の上に腰かけて休憩をした。

本当にいい日に来た……。それが偽りのない気持ちだった。中部山岳の名だたる山々に囲まれながら、誰もいない山頂に一人。富士山は南アルプスにさえぎられて見えないが、いつもの近郊の山歩きでは常に目に入っている富士の見えないことが、かえって少しばかり遠い山へ来たことを実感させた。

まだ十時。昼食には早いので、水筒の水を口に含んだあとザックを背負い、三角点のある西峰に向かう。岩場を回り込むと、頂上から一段下がったところに鉄柵に囲まれて守屋神社の奥宮があり、その先で、里宮のある集落へ下る道が分かれていた。稜線を辿り、たいした登降もないまま、東峰から二十分ほどで西峰に着いた。

標高一六五〇メートル。東峰より二十メートルほど高い。こちらがいわゆる本峰である。露岩の東峰が男性的とすれば、草地の広がるなだらかな西峰は女性的で、一つの山とは思えない。だが、眺望は東峰にも劣らず、さらに東峰では西峰に隠れて見えなかった木曽の御嶽が、中央アルプスの肩越しに、白い王冠のような山頂をのぞかせていた。

いくつかのガイドブックは、ここから往路を登山口へ戻るか、東峰から里宮へ下るコースを紹介している。しかし、おなじ道を下るのでは面白みがない。単にピークに立てば満足だ、という登山者もいるだろうが、一つの山を越えて歩かなければ登山は〝完結〟しない、と私は思っている。だから、ほかに道がなく、往復するしかない場合を除いては、なるべく上りとは別のコースを下りたい。

　地形図には先ほどの里宮へのコースのほか、南へ延びる稜線にも破線道がある。この道を南の松尾峠まで辿り、そこで峠を越える林道に下り立とうと考えていた。しかし、地形図に山道の記載があっても、実際には廃道になっている場合もある。峠へのルートを紹介するガイドブックはなかったが、稜線伝いなら踏跡程度はあるはずである。少し歩いてみて道形がなくなるようであれば、往路を戻ればいい。そのための時間的余裕は充分にある。

　西峰を出発する前に、私はザックのポケットに忍ばせておいた熊よけの鈴を取り出し、下げ紐を開閉ファスナーの引手の穴に通して結び付けた。ここからはガイドブックにもないし、どんな場所なのか分からない。近郊の山でも〈熊出没注意〉の看板をこのところ何度か目にしていたので、一人歩きの多い身としては、用心のためにと、この山行の直前に買ったものである。冬に備えて食欲旺盛になっているだろう〝ヤツ〟との遭遇を防ぐ役目を負うには、その鈴はあまりにも小さく、頼りなさそうだが、なにもないよりはいい。

　立ち上がりながらザックを背負うと、チリンと音がした。肩を揺すってザックを振り、もう一度その音を聞いてみる。鈴の音が響くことを確かめたのではなく、なんとなく嬉しくて聞いてみたのである。

　ルートが見えるように折り畳んだ地図を片手に、西峰をあとにする。方位磁石はいつでも取り出せるようにズボンのポケットに入っている。ガイドのない山に限らず、地形図を見て常に現在位置を確認しながら歩くことが、いつの間にか習慣になっていた。

山頂の西の端から峠へつづく山道に入る。道の傍らには、小さいながら標識が立っていた。それは杖突峠から国道を南に下ると最初に現れる大きな集落〈片倉〉を指していた。ひとまず安心して稜線の道を進む。道といっても山頂までの明瞭な道に比べれば踏跡に近い。だが、先ほどとおなじ手作りの標識が、ところどころの木に括り付けられており、それに安堵させられながら歩くことができた。

背中では熊よけの鈴がチリンチリンと小さな音を響かせている。もしかしたら林の奥でこの音を聞いている熊がいるのかもしれない。ふと気がつくと、鈴は一歩ずつ歩くたびに、それに合わせて音を立てている。右足を出すとチリン、左足を出すとチリン。気をつけて聞いていると、万歩計が歩数を刻むように、歩みに合わせて音を立てているのだった。

山道は南下をつづけ、地形図に道はないが、〈沢コース〉と書かれた片倉への下り道を分ける。だが、今日の予定は松尾峠経由なのでそのまま進む。地形図では道が越えている稜線上の小ピークが近づいてきたと思うと、山道はピークを巻いて向こう側に出た。そこからは、落葉広葉樹の林が広がる、紅葉の尾根歩きとなった。林は明るい日差しに照らされ、赤や黄に色づいた葉をいっそうあざやかに見せていた。

間もなく、今度は〈尾根コース〉と書かれた片倉への標識が現れた。手にした地形図を見ると、松尾峠へ至る稜線の手前で、破線道の描かれた支尾根が分かれている。今、その分岐点に立っているに違いない。道は、支尾根へ行く方ははっきりしているが、稜線上はあまり踏まれていない。さらに峠へ向かう道には標識もない。予定は峠までだったが、私は尾根コースを下ることにした。峠まで行っても、林道を大きく戻るようにして歩かなければならないし、今まで〈片倉〉を示す標識を頼りにし、導かれてきたのだから、最後までそれに従おうと思った。

尾根コースに入ると、紅葉の中でも黄色い葉の多さが際立つようになった。山頂までの落葉松林の鈍い黄金色とは異なる透けるような黄色い葉が、目の前の灌木から頭上の梢にかけて大小とりどりの形で紅葉と交じり、彩りを競い合っている。雪を残していた朝の北向き斜面に比べ、南向きの山肌はまだ秋の盛りだった。

急坂を辿り丸太の階段を下りると林が切れ、ひょいと松尾峠からつづく林道に飛び出した。ザックを下ろし、一休みしながら山肌を仰ぎ見る。青空を背景に、木々が眠りに入る前の最後のエネルギーを燃え尽くすように、全山を紅葉で包んでいた。

役目を終えた熊よけ鈴をはずしてからザックを背負い、沢沿いの林道をぶらぶらと片倉の集落へ向けて歩く。幅広く、舗装も新しい林道だが、車はやってこない。尾根を回り込むと谷の奥へつづく砂利道があり、その入口に守屋山を示す指導標が立っていた。この道が稜線上で見かけた〈沢コース〉なのだろう。

林道の脇には、あちこちに〈立入禁止〉の立札や柵があった。どうやら一帯は茸山のようである。立入禁止といわれても、ここから登り始めるならともかく、もう下りてきてしまったのだから仕方がない。まさか途中で荷物チェックなどしてはいまいか。そんなことを考えながら歩いていると、背後でチリン、チリンと鈴の音が響いた。鈴はもうザックのポケットに仕舞ったはずである。振り向いても別の登山者がいるわけではない。ザックの中で揺れて音を立てているのでもない。それでも鈴の音は聞こえてくる。

不思議に思いながらあたりを見回すと、急な山の斜面に腰をかがめた婦人の姿があった。頭に手拭いをかぶり、視線は地面を這っている。茸、それも松茸を探している様子である。その婦人が動くたびに、チリン、チリンと鈴の音がした。どうやら腰に熊よけの鈴を付けているらしい。やはり熊はいるのだ。山道で鈴を付けていてよかったと、改めて思わされた。

谷筋の道からは、すでに中央アルプスも南アルプスの高峰も見えない。前方には、しだいに低い山々に挟まれた片倉の村が見え始めた。林道は村を見下ろすように山裾を大きく回りながら旧街道である国道に出た。入口にはゲートがあり、車がやってこない理由も分かった。山の南斜面には墓地があり、墓石を見ると〈守屋家之墓〉と彫られている。ここは、山も、神社も、暮らす人も、みな〝守屋さん〟なのだった。

国道は拡幅工事で広くなっていたが、集落に入ると、道の際まで両側に民家が建ち並んでいるせいか、急に狭くなった。時折りダンプカーが通り過ぎる路肩を歩き、北片倉のバス停に着く。だが、まわりにはなにもないので、さらに国道を進み、次の片倉バス停まで歩いた。ここが集落の中心地のようだが、あたりにはコンビニはおろか、商店も食堂も見当たらない。

消防小屋の脇に小さな広場があり、かつての街道の名残りなのか、道路際に一本だけ松の木がぽつんと立っていた。その下に、松の木蔭を利用するようにして、バス停とベンチが置かれている。さて、どうするか。ベンチにザックを下ろし、腰をかけて思案した。

十二時三十分。予定のバスは三時過ぎである。早く到着しすぎてしまった。一人で歩いていると、なぜかあわただしく歩いてしまう。もう少しゆっくり歩き、のんびり休めばいいものを。反省はするが、実行はいつもできない。

念のためにバス停の時刻表を見ても、午後の茅野駅行きは一本きり。調べておいた時刻と変わりはない。二時間半も待つわけにはいかないので、携帯電話で今朝のタクシー会社に迎えを頼むことにした。朝、世話になった運転手の名前を告げると、「白樺湖に行っていますので別の者が向かいます」との返事だった。

車が来るまで四十分ほどだろうか。まだ昼食をとっていなかったので、自販機でウーロン茶を買い、あたりを眺めながら、ベンチでおにぎりを頬張る。山を下りたあと、こうして人の暮らしを感じられる場所に出るのが、私は好きだ。昼過ぎのせいか、色づいた山々に囲まれた村を歩く人の姿は少なく、静かな秋の山里の風情を漂わせている。時折り買物の行き帰りか、細い道から婦人の運転する軽自動車が出てきては茅野方面へ消えていったり、国道から民家の庭に入っていったりした。まるで小動物が冬に備えて食べ物をせっせと巣に運んでいるかのようだった。

どの家にも車があり、足代わりとして気軽に使用している。そんな光景を眺めていると、路線バスが廃止されたり、本数が減らされたりする現状も仕方がないと思えてくる。だが、かつてこの山に登りたいと思っていながら長いあいだ足を向けずにいた理由のひとつは、バスの便の悪さだった。ほかにも、行きたいと思っていた山のバス路線が廃止になったり、登山にはまったく利用価値のない時刻だけに減らされてしまった路線もある。車を運転しない人には、山は遠くなってしまった。

文明の発達は世の中を便利にしてくれるはずなのに、それを利用しない人にはかえって不便を強いる場合がある。不便さだけではない。携帯電話の普及で、見知らぬ民家へ電話を借りに訪ねることもなくなった。自販機でものを買えば、店の人と会話する必要もない。世の中が便利になったと錯覚させられながら、人は気づかぬうちに大切なものを置き去りにしてしまっているのではないだろうか……。

予想していた時間よりも早く、じきにタクシーが現れ、広場に入ってきた。後部座席に体を沈めると、車は上り勾配の国道を茅野へ向けて走り始めた。

車窓の眺めを楽しみながら、手元で道路地図のコピーを広げてみると、片倉からさらに先の高遠の町までは二時間半もあれば歩いていけそうな距離に思えた。たとえ高遠までは辿り着けなくても、旧街道の面影が残っていそうな途中の村までは行けるだろう。時間はたっぷりあったのだから、山里の風景を味わいながら、帰りのバスの時刻に合わせて、ぶらぶら行けるところまで歩いていってもよかった。少しばかり惜しい気持ちにさせられたが、悔やんでもすでに車中の人となってしまった。

「今日はよかったでしょう」

前方を見据えたまま、運転手が話しかける。登山姿と乗車場所から、守屋山に登ってきたことが分かるのだろう。

「ええ、三六〇度の展望でした。紅葉もよかったですね」

落葉松林が広がる今朝の登山口を通り過ぎ、車は杖突峠を越えた。

「いろんな木が紅葉して、最後に落葉松が色づくんですよ」

運転手の言葉は、この土地で暮らす人々の心に長いあいだかけて染み込んだ、風土感とも呼ぶべき、ふるさとの記憶に違いない。

「落葉松の黄葉《こうよう》が終わると、秋も終わりです……」

やがて視界が開け、車窓に雲ひとつない八ヶ岳連峰が広がり始めた。

# 孤峰の春

「一人で山を歩いてなにが楽しいのか、俺には分かんねえなあ……」

石和《いさわ》温泉駅から乗ったタクシーが笛吹川を越え、まだシーズン前のブドウ園が並ぶ道を走るようになった頃、運転手がぶっきらぼうにつぶやいた。決して悪意ではない。たまたま乗り込んできた登山者に、素朴な疑問を投げかけただけのことである。仲間とワイワイ賑やかに歩くのが山歩きの楽しみだという先入観があるのだろうか。あるいは、車内で山の話に花を咲かせるグループを、これまで幾度となく登山口まで運んだのかもしれない。一人で山を歩くなんて、変わり者だと思われているに違いない。

「そうですねえ、好きなときに好きな場所で休める。写真を撮ったりしますし。ほかの人に気を遣うこともないですからね……」

運転手の横顔に返事をしながら、私は一人歩きの理由を即答している自分に驚くとともに、それだけ長いあいだ一人で山を歩きつづけてきたのだと思った。べつに、グループで山を歩くのを避けていたわけではない。仲間との山行にも、単独行とおなじくらい参加してきた。

この冬、一月にもやはり石和温泉駅からタクシーで山へ向かった。そのときは山仲間五人での山行だった。場所は甲府盆地の南、滝戸《たきど》山という芦川の北に連なる稜線の一峰である。雪の谷を詰め、道なき斜面をよじ登り、稜線に出た。辿り着いた山頂は林に囲まれていて眺望はなかったが、下りで目にしたおなじ稜線の主峰である釈迦ヶ岳の形のよさに心を惹かれ、登頂意欲をかき立てられた。鋭い三角形の山容から〝御坂の槍〟とも呼ばれている。もっと間近からその姿を眺めてみたい。山頂からの展望も、周辺の山々の中では群を抜いているという。その山へ、春を待って出かけてきたのである。

五月の黄金週間《ゴールデンウィーク》。道路や山中での混雑を避けようと、三連休の中日である四日を選んだ。選択が正しかったかどうかはまだ分からないが、芦川村へ向かう県道を、タクシーは順調に走っていく。あとは、山道や山頂で大人数のパーティーに出会わないよう祈るだけである。

前方に山が近づき、車は右に左に尻を振りながら七曲がりの坂道を上る。

「鳥坂トンネルを出たら、ちょっと止めてください」

帰路、ここに下りてくる予定なので、バスの時刻を調べておきたかった。トンネルを抜け、路肩に止まった車の後部座席にザックを置いたまま、小走りにバス停へ向かう。午後は十三時十分。次は十七時までない。ポケットから取り出した地図の余白に時刻を書き留め、タクシーに戻る。

「出していいですか?」

「はい。……一時十分のバスがありました。たぶんそれに乗れると思うんですが、もしだめだったら電話しますので、また帰りもお願いします」

そう言うと、車はゆるい坂道を、芦川村へと下っていった。前方には黒岳を盟主とする御坂の主脈、背後には釈迦ヶ岳から滝戸山へとつづく支脈が連なる。芦川村は二つの山脈《やまなみ》に挟まれた、のどかな山あいの里である。上芦川の集落で県道を離れると、車は林道を谷奥へと進んだ。谷といっても暗い印象はなく、まるで広いU字谷でもあるかのように明るい。道はしだいに狭くなり、悪路となって、つづら折りを繰り返した末、八時二十分に稜線上の登山口、ドンベエ峠に到着した。

駅から五十分、タクシー代七三〇〇円也。一人歩きの自由な時間と、上りのラクチンを手に入れた代償だから仕方がない。ここは標高約一四五〇メートル。山頂までの標高差は二〇〇メートルほどにすぎない。混雑を避けるためと、眺めが霞んでしまわないうちに山頂に立ちたいとの思いから早い出発でやってきたが、峠の道路脇にはすでに四台の登山者のものらしき車が停められていた。

釈迦ヶ岳への登山ルートは何本かあるが、東側のドンベエ峠から山頂に向かい、西方の鳥坂峠へと辿るコースをとったのは、太陽の動きに合わせて歩き、山を順光で眺めたいと思ったからである。


タクシーを見送ると、いったん黒岳へつづく山道を偵察してから峠に戻り、釈迦ヶ岳へ向けて歩き始めた。急な登降もなく、道は明るい稜線を辿る。あたりの林は芽吹き始めたばかりで、新芽はまだ細長い巻貝のように梢の先で身をすぼめている。おかげで暖かい光が林床いっぱいに広がっていた。「小さな草花に充分に日差しを届けてから木々は葉を広げるように」。春の山にはそんな掟があるのかもしれない。落ち葉や枯草の上に寝転がってのんびりと日向ぼっこでもしたい気分だが、まだ歩き始めたばかりなので先を急ぐ。

足元にはスミレ、目線の高さにはミツバツツジ、頭上にはマメザクラと、次々に花が現れる。歩きながらも、時折りしゃがみ込んでは花を覗き、立ち止まっては仰ぎ見る。名前の分からない花は帰ってから調べようと、カメラに収める。仲間との山行であれば、置いていかれてしまうかもしれない。

好きなときに好きな場所で休めるっていうのは、こんなときなんですよ……。心の中でタクシー運転手に話しかけた。

時間が早いせいか、行き交う登山者もなく、静かで歩きやすい道を足を運ぶ。林越しに遠近《おちこち》の山々を眺めながら府駒山《ふこま》を越えると、前方に釈迦ヶ岳が姿を現した。端正な三角形には違いないが、山頂から谷に落ちる尾根がやや丸みを帯び、西側から見る鋭角な山容よりは見劣りがする。

徐々に大きくなる山頂を眺めながら稜線を辿ると、なだらかな道は山頂直下で急坂となり、目の前にロープの付いた岩場が立ちふさがった。最初の岩場を登り、二つ目の岩場の基部で一息入れていると、人の気配がしたので、道をよけて待つ。下ってきたのは中年の夫婦だった。

「早いですね。もう下りられるんですか?」

私が声をかけると、奥さんが返した。

「はい、千葉まで帰りますので。渋滞が始まらないうちに帰ります……」

ドンベエ峠に停められていた車の持主に違いない。

「すみませんです」

つづいてご主人が会釈をして通り過ぎる。道をゆずられたと思ったようだ。

「いいえ。一息入れてますので……」

「では、お先に」

簡単なやりとりをしただけで、夫婦連れは下っていった。連休の混雑を避けるために、皆、苦心しているのだ。もったいないと思うほど早い下山だが、それぞれ思惑があるのだろう。

「足が届かな〜い」という奥さんの声を下方に聞きながら、さらに二か所の岩場をよじ登ると、山頂の東端に飛び出した。

三脚を立てて写真撮影をしている登山者の横を抜けて山頂の真ん中まで行く。鋭角な岩が乱雑に露出した山頂は東西に細長く、周囲には期待を裏切らない広闊な展望が待っていた。休憩する場所を決めるよりも先に、心ゆくまで眺めを楽しむ。

西の彼方には一直線に連なる南アルプスの白い峰々、その北には裾野を引いた八ヶ岳。両者のあいだに見えるはずの北アルプスは春霞に隠されているが、卓絶した展望台であることに違いはない。黒岳から節刀ヶ岳《せっとう》、王岳《おう》へとつづく御坂の主脈は、その上に富士の頭を浮かべ、北面の谷筋には雪渓のように雪を残していた。

九時三十分。眺め終えてから地図に到着時刻をメモして、岩の上にザックを下ろす。写真を撮りながらなにげない素振りで数えると、夫婦連れや単独行者など、すでに十人近い登山者が山頂にいた。眺望に歓声を上げる夫婦や、若かりし頃の山自慢を大声で語る老人、山名標識を囲んで交替で記念写真を撮るグループなど様々だ。下っていく組があるかと思えば、息を切らして登り着く組もあり、山頂の賑わいは途切れることがない。その誰にもいえるのは、うつむいたり苦しそうな表情をしていた人たちが、登頂した瞬間に、皆、笑顔に変わることだった。

ザックを下げて自分の休憩場所を探す。岩の上は眺めはいいが、足元が断崖絶壁になっている。転げ落ちそうもない岩の窪みを見つけ、腰を下ろす。谷から吹き上げてくるやわらかな風が、少しだけ汗ばんだ体に心地よい。暑くもなく寒くもない季節のなんとありがたいことよ。登頂の喜びにひたりながら水筒の水で喉を潤し、一服する。胸のすく眺めとうららかな陽気に、思いのほか長居をしてしまった。まだ先は長い。

十時二十分。もう少しいたい気持ちだけを山頂に残し、ザックを背負い、西へ向けて出発する。背丈ほどの灌木帯を抜けるとすぐに急峻な岩場の上部に出て、パッと目の前に展望が開けた。足元の切れ落ちた岩稜と、これから辿る鳥坂峠への長い稜線が、南アルプスを背景にして目に飛び込んでくる。東側の岩場は小ぶりで、林の中のために恐怖感もなかったが、こちら側は視界が開けており、高度感もある。ここは、山頂の南側に鉢巻状に屹立した屏風岩の岩壁の一端なのだ。

急な岩稜を縫うようにして付けられた道を慎重に下る。腰を落として足を伸ばすと、背中のザックが岩角に触れてバランスを崩しそうになる。強風のときなどは辿りたくないコースだ。灌木やロープに摑まりながら下っていると、下から登ってくる人がいた。山側に身を寄せて待つ。山慣れない感じの若い男女で、すれ違うときの荒い息遣いが、きつい上りであることを教えていた。

水平距離約二〇〇メートル、標高差一六〇メートルほどのあいだに岩稜の急登がつづく。ドンベエ峠から山頂までが一・八キロの距離で標高差二〇〇メートルだから、いかに急峻かが分かるだろう。釈迦ヶ岳へは、ここを登るのが正しいルートなのだ。この岩場に苦しい汗を流してこそ登頂の意義があり、達成感も大きいのである。私の辿ったコースは〝裏口入学〟のようで後ろめたい。次に来るときにはこの〝表参道〟を登り、釈迦ヶ岳の洗礼を受け、胸を張って山頂に立つことにしよう。

じきに岩稜帯は終わり、林の中の鞍部に下り着いた。北に桧峯《ひみね》神社への道を分け、すぐ先で南に上芦川の集落方面への道を分ける。登り返すと一五二二メートルの小ピークだった。林に囲まれ、これといった眺望はないが、振り返ると林を突き抜けて釈迦ヶ岳が大きい。今しがた下ってきた岩稜を登る登山者の姿が点々と小さく見える。

山梨県の山を紹介した本によれば、古くは険しさを意味する嵯峨《さが》ヶ岳と呼ばれていたという。峻険な山容を見上げていると、その名前の由来となった険しさが改めて分かる。「嵯峨」がいつしか「釈迦」に転化したということだが、各地に存在する釈迦ヶ岳より、希少な山名である嵯峨ヶ岳のままであってほしかった。

小ピークから西へ向かうと、一転して起伏の少ない、快適な稜線歩きとなった。ブナやミズナラの疎林におおわれて眺めはないが、明るい日差しに足取りも軽くなる。あと何日か暖かい日がつづけば、芽吹きが一気に進み、この道もまぶしい新緑に包まれることだろう。山頂前後にはあれほどいた登山者の姿もなく、一時間ほどの道のりを誰にも出会うことなく神座《じんざ》山に着いた。

鳶巣《とびす》峠からの道が合わさり、頂上は丁字路になっている。その一角に温厚そうな中年の登山者が一人、腰を下ろして休憩していた。三方向は林だが、登山者の向いている方角だけが伐採されて開けている。彼の後ろに立って眺めると、辿ってきた稜線の上に、見事なピラミッド形をした釈迦ヶ岳が聳えていた。御坂の主脈から離れ、群れ集う周囲の山々よりも頭一つ抜け出して天を突く孤峰。まさに〝御坂の槍〟と呼ぶにふさわしい。一月に滝戸山の下りで目にした小さな尖峰が、その何倍もの大きさで目の前に屹立していた。

「……お先に」

休憩を終えた登山者が腰を上げ、こちらを向いて会釈する。私もありきたりな挨拶を返す。

「お気をつけて」

下ると思っていた彼は、私が辿ってきた稜線の道を、釈迦ヶ岳へ向けて歩いていった。気を遣ってくれたのだろうか。彼の休憩していた場所が空《あ》いた。釈迦ヶ岳を眺めるには最適な場所である。木のベンチもないので、転がっている岩を集め、座りやすいように組んで特等席をこしらえた。その上に腰を下ろして大休止とする。目の前の〝槍〟を観賞しながら、おにぎりと水だけの昼食をとった。

山頂に立つことよりも、この姿を眺めることが今日の目的だったのかもしれない。稜線の道でも、たびたび振り返っては徐々に変化する山の形を気にしながら歩いていた。そして、辿り着いた神座山の頂上で、理想的な三角形の山容に出会うことができたのである。

腕時計を見ると、ちょうど十二時。釈迦ヶ岳から鳥坂峠までの行程は、まだ半分も来ていない。予定していたバスにはもう間に合わないかもしれないが、わずかな希望を持ってザックを背負い、神座山をあとにした。

相変わらずの林の小道。木の間越しに垣間見える山々や、時折り現れるミツバツツジの花群れが目を楽しませてくれる。だが、すでにこの長い稜線を辿って山頂を目指す時間ではないのか、やってくる登山者の姿はない。足早に歩いてきたわけでもないのに、私を追い越していく人もいない。ゴールデンウィークだというのに、皆、どこへ行ってしまったのだろう。人気のある山は、今頃、登山者の行列ができているに違いない。アプローチが不便なせいか、釈迦ヶ岳は人であふれるということもなかったが、駅から難なく登れるような場所に位置していたら、恐らく中央線沿線屈指の人気の山になっていたことだろう。そうでないことに喜び安堵するのは、実際にここを訪れた者だけである。

静寂な道を一人辿る。落ち葉を踏む音と、風が揺らす梢のざわめき。

こんなところを一人で歩いて楽しいかい？

タクシー運転手の声が聞こえてくるようだった。べつに、楽しいから山を歩いているわけではない。楽しさだけを望むなら、誰も苦労してまで山に登ったりなどしない。山はいくつかのことを教えてくれた。苦しみのあとに喜びがあること。努力は必ず報われること……。

一人で歩いているのも、なにも孤独を愛しているからではない。賑やかな場所や時間が苦手なだけである。賑やかな時間よりも寂しい時間の方が、ほんの少しだけ性に合っている、ただそれだけのことなのだ。

時折り林の奥から聞こえてくるなんだか分からない音におびえ、さえずりながら枝を渡る鳥の姿を頭上に探す。岩がゴロゴロした急坂を下ると、再び快適な稜線歩きとなった。落ち葉の中にぽつんと頭を出した測量用の標石を椅子代わりにして腰を下ろし、一休みする。地図を眺めると、まだ神座山から鳥坂峠までの中間地点であることが分かる。十二時五十分。もう一時過ぎのバスには間に合わない。

急ぐ必要はなくなったが、のんびり歩くには変化のない山路に少々飽きてもきた。登ってくる人がいないのもうなずける。だらだらした眺めのない道を延々と山頂まで辿るのは、急峻な岩場をよじ登るよりも難儀なことかもしれない。

雑木林に桧の植林が現れるようになり、里が近づいてきたことをうかがわせる。再び岩がちな急坂を下り、電波塔が立つ小ピークの登降を繰り返すと鳥坂峠だった。直進すれば道は春日山を経て滝戸山へとつづいていく。トンネルができる以前は甲府盆地と芦川の谷とを結ぶ重要な生活道路であったことを物語るような、幅広い山道が峠を越えていた。

古道の面影を残す峠道を南に下ると、旧トンネルの先で車道に下り立つ。トンネルの開口部はコンクリートでふさがれていた。通行できなければ、ただの巨大な廃棄物にすぎない。寂れた旧道を進み、バス停のある新トンネルの南口に着くと、目の前を走り過ぎる車とトンネルに反響する騒音に、いきなり現実に引き戻された思いがした。

二時ちょうど。バスには一時間近く遅れた。どこで道草を食っていたというわけではない。はなから間に合わなかったのだ。タクシー運転手に「たぶん乗れる」などと伝えたせいで、歩いているうちに間に合うものと思い込んでしまっていたのである。

一息入れたあと、ガードレールに腰かけて、携帯電話でタクシーを呼ぶ。

「……上芦川のバス停にいます」

今朝の運転手の名前とともに居場所を告げて、ザックを背負い直す。タクシーが来るまで二十分以上かかるだろう。ここで待っていても仕方がないので、行きがけに車で通り過ぎた上芦川の集落まで、ぶらぶら歩いていくことにした。

山裾を巻く舗装道路の端を、まわりの山々を眺めながら、のんびりした気分で下っていく。

道の中央までふくらんでよけてくれる車があるかと思えば、すぐ脇を砂塵を巻き上げて無遠慮に走り抜けていく車もある。しかし、それも束の間のこと。傾斜地に石垣の段々畑が広がるようになると、集落のはずれにある上芦川のバス停に着いた。

楽しみにしていた釈迦ヶ岳の姿は前山に隠れて見えなかったが、集落内の道を辿ると、神社の脇にケヤキの大木があった。〈村指定文化財〉との立札がある見事な巨木である。太い幹が途中で五本に分かれ、里道におおいかぶさるように枝を広げている。その下でキャッチボールをする親子。ホースで水を流しながら洗車する若者。春の休日の午後……。そんな光景の中に身を置いて、私はささやかな旅情を味わっていた。

時間を見計らってバス停に戻る。間もなく見覚えのある車が坂道を下ってきたかと思うと、頭を脇道に突っ込んで向きを変え、バックで目の前に停車してドアを開けた。朝、乗せてきてもらった運転手だった。

「バスには間に合わなかった？」

後部席に乗り込み、ザックを脇に置くと、運転手が訊いた。

「はい。……意外と長い道でした」

トンネルを抜け、車は七曲がりの坂道を下る。往復ともタクシー利用になってしまい出費がかさんだが、三月も四月も一度も山へ出かけなかったので、その分だよと自分を納得させる。

閑散としたブドウ園が車窓を流れ、笛吹川を渡ると、しだいに石和の温泉街が近づいてくる。

「温泉に入っていきますか？」

滝戸山の帰りに乗ったタクシーの運転手にもおなじことを訊かれた。そのときは仲間五人で温泉に入り、冷えた体を温めてから帰路についたが、今日は温泉よりも、まず一口、缶ビールが飲みたい。

駅前広場に入り、タクシーが止まる。

「五〇六〇円。……五〇〇〇円でいいや」

運転手はそう言って、まけてくれた。散財した客への情けか、一日だけの顔見知りへのお愛想か。まさか頑張って歩いたご褒美ではあるまい。だが、ちょっとした心遣いが嬉しい。地元の人の人情に触れることも、一人歩きの楽しみのひとつである。

一人で山を歩いてなにが楽しいのか……。

そう訊いた運転手さん、あなたの言動がその答えですよ。そう思いながら、礼を言って車を降りた。

買った切符をポケットに入れ、待合室の片隅にある売店で缶ビールを求める。ベンチに座って一人きりのお疲れさま会。缶ビールを飲みながら駅に出入りする人波を眺めていた。下りの特急列車が着くと、旅行鞄を下げたグループや夫婦連れなどが次々に改札口から押し出されてくる。ゴールデンウィークも明日で終わりだというのに、まだこれから泊まりに行く人たちが大勢いるのだ。午後三時半。そろそろ宿が客を受け入れ始める時間でもある。

ホームが空《す》いた頃合いをみて改札を入る。跨線橋の階段を登りながら、もう一度釈迦ヶ岳を眺めたいと思い、盆地の南端に目をやった。だが、御坂の山々はいつの間にか湧いた雲におおわれ、その姿を見ることはできなかった。

ホームに下りると、甲府始発の各駅停車が滑り込んできた。まだ空席の目立つ列車に乗り込み、ドアの脇の短い椅子に腰を下ろす。これから塩山や大月などの駅に着くたびに、山を下りてきた登山者たちが続々と乗車してくるに違いない。人込みで車内が賑わい始めるまで、ひととき山の余韻にひたることにしよう。

膝の上に載せたザックに両手を置いて目を閉じると、稜線を歩きながら目にした釈迦ヶ岳の天を突く尖峰が、はっきりと瞼に浮かんできた。

# 春の背中

権現山の麓に、和見《わみ》という美しい村がある。

そう言っていたのは、喧嘩別れした山仲間だ。一時期、彼と私は訪れる人も少なく、指導標もないような山を好んで歩いていた。だが、一緒に山道を辿りながら、ルートに迷うような場所に出ると、彼はいつも私の勘と異なる方向を示した。私は地図を眺め、周囲の地形に気を配り、常に現在位置を確かめながら歩いていたから、勘といっても自信はあった。彼の言うルートこそ勘であり、それは、結果として私の主張する道が目的地に到達したことで証明できた。けれど、いつも彼は露骨に不快な表情を見せ、しだいに私はそんな山歩きに嫌気が差すようになっていた。

二人で行ったときも、グループ山行でもそうだった。好きな山歩きに出かけるのに、わざわざ嫌な思いはしたくない。山の会の山行計画が発表されるたびに、私は幹事にこっそりと彼が参加するかどうかを伝えてほしいと頼むようになった。彼が行くなら私は参加しません。このことは口外しないでください。

だが、おなじように思っていたのは、私だけではないらしかった。あるとき、彼が幹事となって企画した山行に、参加者が集まらなかったことがある。それが二回つづいたことにへそを曲げ、彼は集会にも山行にも顔を出さなくなり、ほどなくして山の会を辞めていった。付き合いはなくなり、歳月は彼へのわだかまりを雲散霧消させたが、しかし、折々に聞いた和見集落の話は、いつまでも私の耳奥に残っていた。権現山へ行くときには和見から登るがいい。それが唯一、彼が私に告げた正しい道しるべのような気がしていた。

どうせタクシーで入るなら、浅川からの道もいいよ。

そう教えてくれたのは、中央線沿線の山に詳しい、おなじ山の会の桐生さんだった。和見からの登山道は林道が延びたことで寸断され、荒れているという話を耳にしていたので、確かめたく、電話をかけてみたのである。そこで返ってきたのは、山道の状況ではなく、和見までタクシーで入るなら浅川からの道もお勧めです、という助言だった。

和見へ入るには、上野原駅で列車を降りる。浅川ならその先の猿橋駅が起点となる。中央線で山へ向かうとき、私は車窓から途中駅で下車する登山者を眺めていることが多いのだが、ちょうど二週間前、桃の花見を兼ねて甲府北部の山へ出かけた途上で、あることに気がついた。高尾を出た下り列車が、相模湖、藤野、上野原と停車するたびに降りていく登山者の数は、上野原の駅が群を抜いて多かったのである。桜並木の美しい生藤山《しょうとう》への登山口であることを考えれば、季節柄お花見登山者で賑わっても不思議ではないが、ここ数年ヒカゲツツジの山として頓《とみ》に知名度を上げた坪山を訪れる人が増えてきたことも一因に違いない、と思った。

混雑する駅よりも、山旅の始まりには静かな駅がふさわしい。そんな気持ちも働いたのだろう。和見への多少の心残りはあったが、権現山へ、私は桐生さんに勧められた浅川からの道を登ることにした。

五月六日、土曜日。大型連休で遠出した人が多いのか、列車は思いのほか空《す》いていた。猿橋駅から乗ったタクシーは、葛野《かずの》川沿いの国道を離れ、浅川の谷をさかのぼる。途中、駅に戻る折り返しのバスとすれ違った。このバスに乗れればよかったのだが、間に合わなかったのである。

浅川集落のはずれでタクシーを降りた。なだらかな山あいの傾斜地に、昔ながらの家が寄り添っている。石垣、古びた物置、庭先から枝を伸ばした花木。静かな山村を前景にして、さかのぼってきた谷の彼方に、滝子山が端正な三角形を見せて聳えていた。和見集落は知らないが、浅川もまた「美しい村」だった。歩きだしてしまうのが惜しく、車道を戻り、いろいろな構図で写真を撮ってから登山道に足を進めた。

林床にはスミレやヒトリシズカの花が揺れている。山道は急な上りもなく、花をめでる余裕を保ちながら、扇山と権現山を結ぶ稜線の中ほどにある浅川峠に着いた。ザックを下ろして一休みしていると、扇山方面から若い男女の二人連れがやってきた。ひとこと挨拶を交わすと、休憩もせずに権現山への道を進んでいく。私は歩き始めたばかりだが、彼らはもう山を一つ越えてきたのだ。これからどこまで行くのか知る由もないが、広野を闊歩するような足取りに健脚ぶりがうかがえる。思わず競って歩きたくもなる。だが、自分は自分の歩調で歩いていけばいいのだ。時折り己を戒めなければ、思わぬところで疲れが出たり、怪我をしたりしかねない。

峠を発つと、山道はゆるやかな上り下りを交えながら、明るい落葉広葉樹の林を過ぎていく。木の間越しに、浅川集落の家々が小さく見下ろせる。緑に埋もれた谷の果てには、滝子山がひときわ凛々しい。

地形図を見ると、ゆるやかな道の先は等高線の間隔が狭く、急勾配が待っていることが読み取れる。それならば、黙々と辿らねばならない上り坂を迎える前に、のんびりしたこの場所を楽しんでおこう。歩き始めよりも新緑は淡くなり、林には茂った下生えもなく、すがすがしい。ツツドリの声が谷を渡る。生まれたばかりの風が吹き方の練習をするように吹き抜けていく。浅川からの道は、桐生さんが言っていたとおりの「いい道」だった。

ほどなく急坂に差しかかったが、山道は斜面をジグザグにつけられていて、歩きやすかった。振り返ると扇山の山頂が目線の位置に見え、もう一一〇〇メートルの高さまで登ってきたことが分かる。林越しに、雪を残した富士山の台形も望まれる。木の梢がじゃまをしてはっきり見えないことが、山頂へ向かう気持ちをせかす。黙々と登りながらも、足を止め、振り向く回数が増えてくる。何回目かに振り向いたときには、滝子山の北鞍部に南アルプスの雪嶺も顔をのぞかせた。

先を行く人も、追い立てるように来る人もいない。ただ一人、心地よい山路を味わいながら足を運び、稜線に着いた。東へわずかに行けば権現山である。いきなり頂上へ出ないところが心憎い造形だ。少しばかりもったいぶらせるように歩かせ、心の準備をさせてくれる。だから、急ぎ足になることもなく、これまでの歩調を守って登る。

頂上に着くと、単独行の男性二人が先着していた。腰を下ろして休憩しているのは中年の男性。もう一人、若者のほうは立ったまま弁当を食べていた。なんとも妙な光景だが、ベンチも野外卓もないので仕方ないのだろう。十一時三十分。到着時刻を地図に書き込み、ザックを下ろす。山梨県の地図を広げて周囲に見える山々を確かめる。富士が見える南西面と、奥多摩方面を望む北面が切り開かれている。

「あれは三頭山ですか?」

北方を眺めていると、若者が弁当を持ったまま近づいてきて、私に訊いた。

「ああ、目の前の大きい山ですか？　三頭山ですね」

奥秩父の主稜線も見える。正面が雲取山で、その左が飛竜山です。

「金峰山は？」

「う〜ん、大菩薩の山が蔭になってるようで、見えませんね」

地図と山並みを見比べながらの問答がつづく。富士山の方角に向きを変えると、彼も人懐こくついてきた。昼食はカツ弁当のようだ。箸を携帯電話に持ち替えて、山の写真を撮っている。

「丹沢は？」

「あの木の蔭で見えません」

ぐるりと一通りのにわか講師を終え、私も昼食をとることにした。

草地の段差を利用して腰を下ろし、コンビニで買ってきたおにぎりを食べていると、笹尾根の向こうから灰色の煙が立ち昇った。みるみるうちに煙は増えてくる。御前山が半分隠れた。じっとしているわけにはいかない。

「あれ、火事でしょうか」

立ち上がって人懐こい若者に声をかけると、座っていた中年男性も腰を上げ、三人で見入った。秋川の上流、檜原《ひのはら》村あたりだ。

「……山火事ですね」

中年男性がつぶやく。私より少し年上、五十代前半か。

「一一九番しましょうか」

若者が手にした携帯電話をあわただしく差し出した。彼は三十前後に見える。

「ここから電話しても、かかるのは大月の消防署じゃないでしょうか」

私のひとことが話の腰を折ってしまったのかもしれない。ひとしきり無言で眺めていたが、二人はそれぞれの場所に戻り、中断していた昼餉を再開する。

秋川の流れが南北に分かれる本宿の集落に、小さな消防署があった。かつて、吉祥寺滝から払沢《ほっさわ》の滝、天狗の滝へと滝めぐりをして歩いたときに、その前を通ったことがある。両隣りの古い民家に比べてやけに新しい鉄筋の造りで、車庫前の歩道のそこだけに、たしか化粧れんがが使われていた。歩道まで飾り、公共施設には惜しげもなくお金をかけるのだなあ、と思いながら通り過ぎたことを憶えている。

尾根がさえぎっているせいかサイレンの音は聞こえないが、すでに消防車が現場に駆けつけているころだろう。昼夜を問わず、そうやって人の命を守ってくれているのだ。施設に多少余計にお金をかけるくらい、いいじゃないか。考えを改めたのは、近所で実際の火災を目の当たりにしてからだ。今このときも、煙の下に、身を震わせて立ちすくんでいる人がいる。ここから眺めているだけでは、なんの助けにもなりはしない。

じきに十人ほどのパーティーが登り着くと、富士山に向かって横一列に腰を下ろし、休憩を始めた。食事をしながらの下世話な会話が耳に入るようになったのを潮に、私はザックを背負い、頂上をあとにした。実は食後の一服をしたかったのだが、一緒に火事を見た直後では、二人の前でタバコなど吸えない。浅川峠への分岐まで戻り、灰を落とす穴を靴底の角で浅く掘ってから一服する。吸殻を携帯灰皿に納め、西の麻生山へ向けて歩きだそうとすると、頂上にいた中年男性がやってきて追いついた。ここからも一人歩きだと思っていたが、束の間の同行者となった。

「上りはどちらからですか?」

後ろを歩きながら彼が訊く。浅川峠からです。バスに間に合わなかったのでタクシーで。

「鳥沢の駅から扇山を越えてきてもいいですね」

彼の言葉に、峠で出会った男女の二人連れが思い出された。駅からだと二時間以上余計に歩かなければならない。

「それほど健脚ではありません。ちょっと膝に不安もありますので……」

謙遜ではなく、本音だった。

「なんだかどこまでも歩いていけそうな道ですね」

矛盾したことを言っていると自分でも感じたが、起伏の少ない稜線の道は、思わずそんな言葉がこぼれるほど快適だった。

出がけに読んだ本の中で、登山家の著者は、権現山の稜線歩きを「長鯨の背中をいくが如し」と書いていた。周辺の山から眺めると、確かに権現山は巨大な鯨のようにも見える。鯨が西を向いているとすれば、これから向かう麻生山は頭であり、権現山山頂の突起は背びれの位置にあたる。ただし、鯨に背びれがあったかどうかは定かではない。

歩きながらの話の中で、私は彼が浦和から来たこと、用竹《ようたけ》から歩き始めたことを知った。用竹の集落は長大な稜線の東山麓、鯨でいえば尾にあたる。登山地図のコースタイムでは山頂まで三時間半だが、それほどかからなかった。上野原駅からのバスは満員だったと言う。

「臨時バスでしたよ」

乗客の大半はヒカゲツツジ目当てに坪山へ向かう登山者だったに違いない。そんな駅で降りずによかった。猿橋駅では数パーティーが降りただけだった。

「この山は初めてですか?」

後ろからの声がつづく。

「権現山は初めてですが、麻生山は二度目です」

山で出会った人との会話とはこんなものだ。名前や職業を教え合うこともない。もしかしたら相手は一流企業の社長かもしれないし、実は遠い親戚かもしれない。けれど、私は××と申します、などといきなり言いだす人はいない。私は住所を訊かれもしないので言いもしないが、彼は浦和から来たと言っていた。しかし名前は知らないので、私は心の中で彼のことを浦和さんと呼ぶことにした。

「以前、麻生山に来たときに、三角点ピークを踏みそこないまして……」

山にまつわる話なら利害もない。先ほど、つい弱音ともとれる本音を漏らしてしまったせいか、浦和さんに対して少しばかり気を許していた。たとえ後悔するような言動があったとしても、しょせん今日限りの付き合いである。なだらかな稜線の道を歩きながら、私は麻生山を再訪する理由をぽつぽつと語った。

山の会の仲間四人で麻生山を訪ねたのは、三年前の初冬だった。西麓の富岡から長尾根を登り、山頂から北峰を越えて、鋸尾根を杉平入口のバス停へと下る、周回コースである。頂上には古い木の板に山名を刻んだ標識があり、富士山の眺めもよかった。だから私たちはそこを頂上と疑わず休憩し、下ったのである。だが、北峰を過ぎたあたりを歩きながら、三角点のあるピークへ行きそびれたことに気がついた。頂上から五分も先へ進めば着いたはずである。悔しいが、もうだいぶ下ってしまった。仲間の誰一人として登り返そうと言いだす者はいなかった。間もなく冬至。最も日が短い季節である。私たちは黙々と下りつづけた。麓の車道を歩きながら見上げると、麻生山の山頂が夕日に赤く染まっていた。

踏みそこねた三角点ピークは、私の中に「宿題」として残された。このとき参加できなかった同輩の紺野が麻生山を訪ねたと聞いたのは、それから数か月後のことである。三角点ピークにも行った。大月市の山名標識が立っていたと言う。いわば「公認」の頂上である。先を越されたことが癪で、さらに「宿題」を重く感じさせた。そんな自分の度量の小ささも嫌だった。

「……リベンジですね」

後ろで浦和さんがつぶやく。私のことなのに、なんだか声が嬉しそうだ。雪辱か……。

「まあ、そんなところですね。次に来るときは権現山からと決めていました」

「下りはどちらへ？」

「北峰から鋸尾根を下ります。バスは五時半ですから、のんびり行くつもりです」

もし待ち時間が長いようなら朝のタクシーを呼ぼうと私は考えていた。

「杉平入口のバス停ですよね……。ネットで調べたら、三時過ぎのバスがありましたよ」

意外そうな口ぶりで浦和さんが言い、つづけて私に訊く。

「……五時半という時刻はなんですか？」

「『登山ハイキング・バス時刻表』という本です」

答えながら、私は権現山を出発した時刻を思い返していた。十二時十五分。麓までは登山地図のコースタイムで三時間だから、三時過ぎのバスがあるなら、それに間に合わない時間ではない。登山地図のコースタイムは長いと、先刻、浦和さんも言っていた。

「でも、ネットのほうが最新情報でしょうから、頑張れば乗れますね」

『バス時刻表』は年に一回の発行なので、発売後にダイヤ改正が行なわれた可能性もある。ネットで調べたと言われれば、パソコンをやっていない私は頭が上がらない。黄門様の印籠を突きつけられた悪代官のようにひれ伏すしかない。

知られていない山のガイドもインターネットで検索できますよ。地形図だって取り出せます。山仲間たちはしきりに勧める。今どきパソコンもやっていないのは、時代遅れなのだそうだ。だが、おなじレールの上を走っているのなら遅れているのだろうが、私は違う路線を走っているのだ。別なレールの上を、各駅停車でのんびり走っているのだ。偏屈者の私はそう思う。そう思うことで、自分を保持しているのかもしれない。

ゆるやかでなんとも気持ちのいい稜線歩きは、落葉松《からまつ》のみずみずしい新緑、ミツバツツジの薄紫色の花を林の中に散在させ、麻生山の頂上へと導いた。山道の傍らに三角点の標石が設置され、大月市の山名標識が立っていた。明るい林に囲まれた静かな頂上だが、標識がなければ通り過ぎてしまいそうな、平凡な稜線の一角といった場所で、「リベンジ」はなんの感慨もなかった。

横たわった枯木に浦和さんと並んで腰を下ろし、水筒の水を一口二口飲む。

「見晴らしのいい向こうの頂上に行って休みます」

そう言って腰を上げると、私は浦和さんを残し、三年前に訪れた頂上へ一足先に向かうことにした。一緒に行きませんかと誘わなかったことを、歩きながら後悔した。じきに山道には露岩が目立つようになり、権現山付近とは明らかに雰囲気が変わってくる。権現山と麻生山は山体はつながっているものの、やはり別々の山なのだと実感した。

古い木の標識がある頂上にはすぐに着いた。南面の切り開きからは遠く富士山が望める。前回は四人だったが、今日は一人。冬枯れが新緑になったという違いはあるが、三年前となにも変わってはいない。三角点ピークから歩いた感じでは、どちらの方が標高が高いとも判断はつかなかった。三角点もなければ地元の町の標識もない。けれど、私にとってはここが麻生山の頂上だった。三年前、山麓から長い尾根道をあえいだ末に登り着いたこの場所は、頂上と呼ぶにふさわしかった。だから私たちはここで休憩し、充足した思いで下山したのである。「宿題」の答えは三角点ピークを踏むことではなく、ここが頂上だと再認識することだったのかもしれない。

休んでいると林の中から浦和さんが姿を現し、足を止めた。

「お先に」

笑顔を向け、それだけ言って先へ進む。やはり三時過ぎのバスに乗るつもりらしい。そうだ、のんびりしていたら間に合わない。私もザックを背負い、あとを追う。ここからは前回とおなじルートとなるので、多少は気持ちに余裕がある。三つほどの小ぶりな岩峰を越える。山蔭のところどころにはヒカゲツツジが咲いていた。新緑の葉の中に咲く淡い黄色の花は、目立たないが控えめな美しさがある。葉が少しシャクナゲにも似ている。

混雑する坪山へ行かなくても、麻生山でも見られますよ。

出がけに聞いた桐生さんの言葉どおりだった。時季が少し遅いのか散っている株もあるが、初めて見る花は期待を裏切らなかった。

岩峰を過ぎて北峰に登り着くと、浦和さんがザックを置いて休憩していた。北面は木々にさえぎられているが、それ以外は展望が開けている。今日のコースではいちばん見晴らしがよく、掉尾を飾るにふさわしいピークだった。

さして広くもない頂上にぽつんと立つ一本の木に、〈北峰〉の山名標識が付けられている。麻生山本峰に対しての北峰なのか、それとも北峰という名の山なのか。前回訪れたときにも思い悩んだが、今度は〈北峰〉の山名の下に、誰が記したのか〈郡内鋸岳〉という文字が小さく書き加えられていた。「郡内」とは甲府盆地の「国中《くになか》」に対して、都留・大月周辺を呼ぶ通称である。郡内地方の鋸岳か……。越えてきた三つの岩峰を「三ツ森」と書いた本もあるが、麓から見れば、三ツ森と北峰を合わせた山容が「鋸岳」に見えなくもない。正しい山名はどっちなんだろう……。

またもや思い悩んでいると、

「富士山が霞んできましたね」

と、草の上に足を投げ出したまま、浦和さんが声をかけた。

予報では天気は今夜から下り坂。五連休の最後の一日を残し、晴天は今日までである。上空を仰ぐと、移動性高気圧の尻尾が、今まさに通り過ぎようとしているかのようだった。

「私も鈴を付けましょう。あなたが付けているので思い出しました」

そう言うと、浦和さんはザックから熊よけの鈴を取り出した。私の鈴は、歩き始めたときから背中で鳴っていた。一緒に稜線を歩いているとき、耳障りだったかもしれない。

「前回来たとき、向こうの尾根で熊棚をたくさん見ましたよ……」

幸い遭遇することはなかったが、熊は確かに棲息している。でも、「今日はなんて気持ちのいい春の日かしら」と、今頃は谷の大岩に腰かけて一句ひねったりしているのかもしれない。

「それでは、お先に」

下りの尾根道に入った浦和さんの鈴の音がチリンチリンと聞こえていたが、しだいに小さくなり、じきに消えた。一時四十分。コースタイムでは一時間半の道のりだから、三時過ぎのバスにはなんとか間に合うだろう。

一度消えた鈴の音が再び聞こえ始めたと思うと、別の単独行男性が山頂に姿を現した。あとを追うように、今度は赤いザックを背負った青年が登り着いた。二人と入れ替わるようにして私も下山の途につく。浦和さんから十分遅れ。バスに間に合うかどうかは微妙なところだが、乗れれば儲けものである。

尾根をどんどん下る。けれど、浦和さんには追いつかない。

――ちょっと膝に不安もありますので。

自ら言ったとおり、自重して歩かなければいけない。飛ばしたい気持ちを抑え、ゆっくりとした歩調を守らなければ、いつ膝痛が出ないともかぎらない。

上りよりも花は少なくなったが、ところどころにヤマブキやチゴユリが咲いている。頭上には芽吹きの梢、山道には去年の落ち葉。枯葉を踏む音が聞こえると思ったら、北峰にいた赤いザックの青年が後方に迫ってきていた。足早で、じきに追いつかれることが察せられる。せかされるようで落ち着かない。立ち止まり、花を覗くふりをしてかがみ、その隙に先に行かせた。赤いザックが見る間に遠ざかる。軽快なリズムで揺れながら、林越しに小さく、低くなり、道の先に見えなくなった。

左足の膝が少し痛みだした。平坦な場所ではなんともないのに、下り坂になると痛みが走る。

左足をかばえば右足が痛くなることは分かっているから、ペースを少し落とす。

ザックに付けた鈴の鳴る間隔が、歩調に合わせてやや開く。私の小さな鈴の音にからみ合うような早い鈴の音が聞こえてきたと思ったら、今度は北峰にいたもう一人の男性登山者が近づきつつあった。つづら折りの坂を曲がるときに振り返り、距離を推し量る。次の曲がり、次の曲がりのたびに距離がちぢまり、その次の曲がりで山道の脇によけ、道をゆずった。鈴を鳴らしたザックがどんどん離れていく。先ほどは屈強そうな青年だったが、今の人は明らかに私より年上に見えた。

こんなはずじゃなかった。かつては、私がほかの登山者を追い越して歩いていたのだ。何人かのパーティーでも夫婦連れでも、私が追いつくと「どうぞ」と言って道をあけ、先に行かせてくれたものだ。単独行の男性でさえ、急登の途中で追い越したし、一度抜いた人には抜き返されることもなかった。自分は健脚だと思い込んでいた。それがどうだ。浦和さんには追いつかないし、赤いザックの青年には抜かれ、鈴の年配者にも先行されてしまった。時代に遅れているばかりでなく、山ではほかの登山者にも遅れをとっている。

こんなはずじゃなかったんだ。膝が少し痛むから、ただそれだけのことだ。登山は競走ではない。

尾根道の途中で、休憩していた六人ほどのパーティーを追い越した。静かなコースであるはずだが、連休のせいか意外と登山者が多い。おかげで熊への不安は薄れる。足を止め、屈伸運動をすると、痛みは和らぐ。ついでにザックを下ろし、少し休むことにした。山道の脇に座り込んで残り少ない水を飲んでいると、先ほどの六人パーティーが楽しげにおしゃべりをしながら私の前を通り過ぎていった。

団体くらいならまだ抜けるさ。だが、彼らに追いついたのは、長い山道がようやく里に出たところだった。暗い杉林からぱっと明るい畑に出た最初の人家の庭先で、彼らは水道を借りて喉をうるおし、汗ばんだ腕や顔を洗っていた。

集落内の里道を歩き国道に出ると、杉平入口のバス停は目の前だった。腕時計は三時二十分を示している。だが、待っている人はいない。バスは行ってしまったのか。時刻表を見ると、三時の欄は空白だった。二時台に一本、次は五時半である。私が調べてきたとおりで、浦和さんが言っていた三時過ぎのバスなどなかった。彼はなにを調べたのだろう。平日も時刻は変わらないし、上りと下りを勘違いしたとしても、どちらにも三時台のバスなどありはしない。あるいは別な路線の時刻を見間違えたのかもしれない。

ほうら、コンピュータなど過信するからさ。ネットよりも本のほうが正しかったじゃないか。

心の中で浦和さんに憎まれ口をたたいてみても、五時半までバスがないことに変わりはない。三時過ぎのバスに乗れれば、と淡い期待を抱いていた私も、別の手段を考えざるをえなくなった。とりあえず次の富岡バス停まで歩いていこう。店を畳んでいなければ、停留所の先には前回も立ち寄った酒屋があるはずだ。

車の往来も少ない国道を歩きながら、見通しのいい直線道路になると、先行した人たちの姿を探した。だが、登山者らしき人影は見えてこない。浦和さんはどこへ行ったのか。そして赤いザックの青年も、鈴を鳴らした男性の姿も見えない。追い越していった二人は、この麓に車を置き、麻生山と北峰を巡る周回コースを歩いた「マイカー登山」だったのかもしれないが、浦和さんは東麓から山を越えてきた縦走者である。予定していたバスがないことを知って、どうしたのだろう。猿橋駅へ向けて、この道のずっと先を歩いている。彼ならそうするだろう。なぜかそんな気がした。

富岡のバス停を過ぎた先に、一軒の酒屋は健在だった。酒屋といっても、食料品店兼雑貨屋で酒も扱っている、というような店である。硝子戸を引いて中に入り、缶ビールを買う。無事の下山を一人祝いのビールで挙げ、ポケットから今朝のタクシーでもらった名刺大の紙片を取り出して、営業所に電話をかけた。富岡のバス停にいます。何分くらいかかりますか。

バスの来ないバス停にザックを置き、缶ビールを飲む。タクシーが来るのは、ゆっくりでいい。日の長い季節。山を下りたあとの満ち足りた時間を、もう少しだけ味わっていたい。ビールを飲み干すと、私は空き缶をつぶしてごみ袋に入れ、ザックに納めた。

コンピュータなど過信するからですよ。本の時刻のほうが正しかったじゃないですか。

もし一緒にバス停に着いていたら、時刻表を見ながら、私は浦和さんにそんな言葉を投げていたのだろうか。正しいのは自分で、あなたは間違っていました。

もしかしたら、かつて道に迷うような山で進むべきルートを示したときも、私は自信満々な態度を見せながら、しかし、心中ひそかに同行者をけなしていたのかもしれない。

三年前は暮色の中で仰いだ麻生山が、今日は明るい空の下にやわらかな山容を見せている。

浦和さん、タクシー呼びました。一緒に帰りましょう。路肩を歩いている姿を見つけたら車を止めてもらい、同乗を勧めよう。山道ではずっと浦和さんに後ろから声をかけられていた。今度は私が彼の背中に声をかける番である。

# 道案内

なだらかな草原が広がる山頂の一角に立ち、ススキや澄み切った青空を入れて山並みの写真を撮っていたときである。カメラをぶら下げたまま、なおも展望を楽しんでいると、地図らしき紙を手にして、一人の女性が近づいてきた。

「この道は、どこに下るんでしょうか?」

足元から北へつづく坂道と、手にした紙とを見比べながら、私に尋ねた。先ほどまで強かった風で乱れたらしい髪を、片手で耳にかき上げている。うつむきかげんの横顔には、不安げな陰りと、責任感を負っているような芯の強さが同居しているように見えた。

「あそこに見える盆地ですね」

指をささなくてもそれと分かる顕著な地形が、眼下に広がっている。答えながら、なにげなく女性が持っている紙に目をやると、それは地形図などではなく、地元の町が作って配っているような手描きのハイキングマップで、それもコピーのようだった。

「登山口のバス停へ出られますか？」

小首をかしげ、女性はさらに訊いた。えりあしを、秋の日が照らしている。

「朝のバス停ですか？」

「そうです……」

＊

彼女は、女性四人グループのうちの一人で、私は今朝、彼女たちと一緒に、駅から乗ったバスを東山麓の登山口で降りた。途中までは抜きつ抜かれつして歩いていたが、一人の気ままさで写真撮影に時間を費やしていた私は、いつの間にか女性四人組に先行されてしまった。この山に来るのが二度目だという安心感も、のんびりした歩調の一因だったかもしれない。

初めて来たのは、十五年ほど前のことである。その間に、あたりの風景はずいぶん変わっていた。いや、変わっていたのではなく、私が忘れてしまっただけなのだろう。

バス停から山道に入るまで、こんなに長かっただろうかと思うほど、舗装路を歩かされた。山道を辿るようになってからも、暗い樹林帯がつづくと記憶していた谷の道には、明るい雑木林が広がっていたし、赤茶けた砂礫の道になると見晴らしが開けるはずの尾根では、土の道のまま展望広場に出た。そこで列車を降りた町を見下ろしながら小休止していると、もう一組の一緒にバスを降りた初老の夫婦連れが下ってきたのだ。

「頂上は風が強いので下りてきました。ここでお昼です」

笑顔で話すと、夫婦は草の上にザックを下ろした。

頂上からの展望はどうですか？

そう訊きたかったが、着いてからの楽しみに残して、私は山頂へ向かった。頂上直下で稜線上にある池への道を分けると、刈り払われた広い道がつづいていた。以前は背丈ほどの篠竹を両手でかき分けながら登ったものだが、嘘のように歩きやすい道に変わっていた。

山頂には女性四人組が先着しており、私は少し離れた場所に腰を下ろして休憩することにした。風はやんだのか、初老夫婦が言っていたほど強くはなかった。

＊

「この道は、どこに下るんでしょうか？」

女性は、上り道でもずっと先頭を歩いていた。山頂でほかの仲間が休憩しているときもこうして一人、下山路の確認をしている。そんなところから、私は彼女がリーダーなのだろうと、勝手に想像した。

手櫛で髪をすきながら、持参したコピーの地図に視線を落としている。年の頃は私より一回り下、四十前後に見える。おなじ山仲間という親しみもあるが、年を重ねることで身についた落ち着きと、若さだけではかもし出せないほのかな色香が、好感を抱かせた。

「登山口のバス停へ出られますか？」

山頂から下る道の入口には、なぜか道標が立っていなかった。地形図にも、この道は記入されていない。

女性の口ぶりでは、今朝のバス停に戻りたいようだ。私は前回とおなじように盆地へ下るつもりだったが、そのとき利用したバスは、すでに廃止になっている。盆地まで下っても、最寄駅へ出るには二時間余り歩くか、タクシーを呼ぶしかない。往復登山では面白みはないが、登山口へ戻るのが、今ではこの山の一般的なコースになっているのだろう。彼女が手にした地図にも、そう案内されているに違いない。

「朝のバス停ですか？」

「そうです」

「出られないことはありませんが……」

前回訪れたとき、私は山頂から稜線上にある池を経由して盆地へと下った。そのとき、池を囲む西側の尾根に、山頂へ向かう道と道標があったのを憶えている。今日は、その尾根道を下ってみようと考えていた。どんな道かは分からないが、山頂から北へつづく坂道が、その道の延長であることは推測できた。池を一回りすれば、私がかつて下った道を登り返して、登山口のバス停に戻ることができる。

「この道を下って三叉路に着いたら右へ行くと、小さな池に出ます。池の東側から尾根を登り返すと、頂上の手前に分岐がありましたよね……」

彼女の記憶を確かめるように、私は話をつづけた。

「あ、はい。ありました」

「そこの分岐に出ますから、あとは登ってきた道を下るだけです」

「……池の東側の尾根を登り返すんですね？」

「そうです。私もこの道を下って、池に寄る予定です」

登山口へ戻るには小一時間の遠回りになるだろうが、下山が大幅に遅れるようなことはない。おなじ道を引き返すよりも変化があって楽しいはずだ。訊かれたから答えたまでで、そのルートを取りなさいと勧めたつもりではなかった。

女性は礼を言うと、仲間がくつろいでいる場所へと戻っていった。草原のはずれで憩う彼女たちを点景にして山頂の写真を一枚撮り、私もザックを置いた自分の場所へと戻った。

今朝、列車を降りて買った駅弁で昼食を済ませ、空き箱をザックに仕舞っていると、女性グループは腰を上げ、下山を始めた。四人並んで、先ほど話した道を下っていく。

そうか、池を回る道を選んだのか……。

だが、と考えた。教えはしたが、私にその道を歩いた経験があるわけではない。永年の山歩きの勘で、池へ出る道につながっていると推測したまでにすぎない。

もし間違っていたらどうしよう……。

自分一人が歩くのなら結果は自己責任だが、他人に教えて違っていたら、「勘違いでした」では済まされない。

そろそろ出発しようと思っていた頃合いを少しばかり早めて、私はザックを背負い、北へつづく坂道を、彼女たちを追うように下り始めた。

上り同様、刈り払いされた歩きやすい山道が、草原の斜面に延びていた。下方に下っていく四人の姿が小さく見える。待っていてくれれば五分ほどで追いつけそうな距離に思えたが、それでも、私はやや速めに足を運んだ。

道が何度か折れ曲がると、山肌につけられた観光道路に飛び出した。そこで女性グループに追いついた。コースのつづきを探すと、車道を挟んだ正面の小高い尾根に、かすかな踏跡が見える。だが、山頂からの歩きやすい道を考えれば、もっと明瞭な広い道がつづいていていいはずだった。尾根の両脇は深い谷で、道標もなく、車道にガードレールがあるところからも、コースが谷に下っているとは考えにくい。

さて、道のつづきはどこだろう……。

走り過ぎる車に注意しながら道路を渡ると、女性グループはなんの迷いもなく尾根を見送り、路肩を右へと進んでいってしまう。まさか、ここを「池に出る三叉路」と思ったのではあるまいか。あわててあとを追いながら、ふと振り返ると、観光道路の脇にある、小広い駐車場が目に入った。

あそこに車を停めて山頂を往復する人がいるのかもしれない……。

だから、観光客のために山道が歩きやすいように刈り払いされている。そう解釈すると、登山者しか歩かないだろう小尾根のコースが踏跡程度なのも理解できた。

「こっちです」

前を歩く女性グループに声をかけ、私は観光道路を、踏跡の入口まで戻った。彼女たちも実は不審に思っていたのだろう。すぐに向きを変え、あとをついてきた。

たぶん、この道でしょうね……。

気弱な口調では、彼女たちに不安感が伝染してしまう。

「この道です！」

確信を持って言い、私は草原の尾根道に足を進めた。山頂で道を訊いた女性がやはりリーダーらしく、彼女たちの先頭であとをついてくる。

小高い丘を越えると、草むらの中に細い踏跡はつづいていた。路傍に薄紫色の花が一群れ、午後の風に揺れている。

「マツムシソウが咲いてますね」

足を止め、花を見下ろしながら話すと、

「あ、ほんと」

と言って彼女も立ち止まり、指をさしながら後続の女性たちに花の名前を教えた。

「マツムシソウ」

すると、後ろに並んだ仲間が、「マツムシソウ」「マツムシソウ」と、伝言ゲームのように、一人ずつ花の名前を伝えていく。

見栄えのする一輪を写真に収めてゆるい坂を下ると、今度は、色とりどりの花が咲き乱れる、小さな花野が待っていた。山頂までの上りでは花がなかったから、思いがけない出会いが嬉しい。また足を止めて写真を撮りながら、私が説明する。

「これは、ヤマラッキョウです」

ノビルに似た細長い茎の先に、濃紫の小さな花がついている。近くで見ると線香花火にも似ているが、遠目ではあまり目立たない。華やかな花よりも、寂しげな花の方が、私は好きだ。

「ヤマラッキョウ？」

リーダーの女性が訊き返すように言うと、また、「ヤマラッキョウ」「ヤマラッキョウ」と、花の名前の伝言ゲームが始まる。

「あの花はなんですか？」

少し丈の高い黄色い花を指さして、今度は彼女が訊いた。

「あれは、アキノキリンソウです」

「アキノ？」

「……キリンソウ」

山歩きをつづけてていれば、マツムシソウは、じきに覚えるだろう。ヤマラッキョウはともかく、アキノキリンソウを知らないくらい、彼女はまだ山歩きの経験が浅いのだ。三十前後に見える後続の三人は、それ以上に山の初心者に違いない。職場の仲間なのか、サークルの中の気の合うメンバーなのか、間柄は知る由もないが、山歩きを好きになった彼女が知り合いを誘って出かけてきた、という雰囲気だった。

「あ、キキョウのつぼみ」

草むらの中に彼女が見つけた花を、

「リンドウですね……」

と訂正して、また私は歩き始めた。

草尾根の道はほどなく明瞭になったが、今度は両側から腰丈ほどの深い草がおおいかぶさるようになり、足元の道を隠した。下方を見ると、広い草原に一筋の草の窪みがつづき、道のありかを示しているだけである。初心者だけで来ていたら、心細くなりそうな場所かもしれない。しかし、道は池のある方角に向かっており、「勘違い」ではなさそうなことに、私はひとまず安堵した。

両手で深い草を分けながら、彼女たちと付かず離れずの間を保って下った。遅れていないか、時折り振り返る。そのたびに、視野の片隅に先頭を歩く彼女が着たグレーのチェックの長袖シャツが認められた。ほかの仲間は赤やベージュなどの明るい服装をしているのに、年齢よりも老けて見えそうな地味な色が惜しいな、と思いながら、間隔が開いてしまったときには歩みを止め、私は彼女たちが追いつくのを待った。

「ここ、滑りますよ〜」

急坂では、後ろに声をかけた。すると、「足元注意！」と、伝言ゲームが再開した。しだいに後続との間が広がってくる。初心者が歩くには、少しつらい道だったかもしれない。しかし、後方から聞こえてくるキャッ、キャッ、と騒ぐ声は、この草薮の道を楽しんでいるかのようでもあった。

傾斜がゆるやかになるにつれて草丈も低くなる。道が目に見えるようになったかと思うと、池への分岐である三叉路に下り着いた。小さな尾根の乗っ越しになっており、西は盆地、東は池、そして山頂を指し示す古びた木の道標が立っていた。頂上からの道は、やはりここにつながっていたのだ。

コースのつづきを迷う場所では導くことができ、上りでは見られなかった花々にも出会うことができた。私の案内は、少しは彼女たちの役に立ったのだろうか……。

女性グループが全員、草薮を抜けたことを見届けると、私は彼女たちを待つことなく、池へ向かう道を進んだ。すぐに現れるだろうと思っていた池には、しばし歩かされて到着した。稜線の窪地に水をたたえた小さな池は、ほんのりと色づき始めた木々を水面《みなも》に映し、静かにたたずんでいた。

池畔にザックを下ろして一休みしていると、ほどなくして女性グループが追いついた。後ろを通り過ぎるとき、グレーの長袖シャツがこちらを向き、

「池の東側の尾根を登り返すんですね？」

と、念を押すように訊いた。

「そうです。池を過ぎて右へ行って、左手の尾根を右へ登ります」

ああ、俺はなにを言っているんだ。右だの左だの、細かく説明したつもりが、かえって分かりにくいではないか……。

「左の尾根ですか？」

「あ、いや……」

腰を下ろす素振りもない彼女たちに、私も立ち上がって答えた。

「池を過ぎたら右です、右。尾根に道があるはずですから。登り切れば、頂上手前の分岐で朝の道に出ます」

「はい、分かりました。……盆地へ下りられるんですか？」

「えっ？　ええ。いったんさっきの三叉路まで戻って、そこから下りです」

「バスはありませんよね？」

「ええ。駅までだいぶ歩くようですけど、のどかな盆地へ出たいと思いまして」

バスの便があれば、一緒に盆地に下りたいのだろうか……。

「そうですか……。では、ありがとうございました」

彼女が礼を言いながら会釈すると、後続の女性たちもそれに倣って一人ずつ頭を下げ、休憩もせずに歩いていった。遠回りしたので、時間の都合もあるのだろう。

林の陰に女性グループが消えてから腰を上げ、私も戻ることにした。ザックを背に、今来た道を引き返す。

彼女たちは道を間違えはしないだろうか。先ほどの下りにしても、踏跡程度だったり、深い草を分けたりしなければならなかった。登り返しの道が明瞭だとはかぎらない。

二度目の山といっても、山頂までの上り道は、記憶とはだいぶ違っていた。あたりの風景さえ、すっかり忘れていたではないか。そんな自分に、コースの案内をする資格があったのだろうか……。

三叉路になった小尾根の乗っ越しに戻り着いて、池の向こうに目をやった。しばらく待っていると、東の尾根に、四人の姿が小さく現れた。私の心配を振り払うように、尾根をぐんぐん登っていく。

道案内を口実にして、一緒に歩いていっても楽しかったかもしれない……。

そんなことを思いながら、名残り惜しさを断ち切るように踵を返すと、私は眼下に見える盆地へ向けて下り始めた。

私が女性グループの役に立ったのではなく、たぶん、私が彼女たちからひとときの楽しい思い出をもらったのだろう。

盆地に広がる稲田の上を、雲の影がひとつ、ゆっくりと流れていた。

# 裏山の神様

写真を撮ろうとして、カメラのレンズキャップを落としてしまった。ころころと風にあおられた枯葉のように坂道を転がり、側溝に落ちて止まった。

小さな山を登り、麓の村に下りてきたところである。思わず手が滑った、という感じだった。そういえば、山頂へ向かう山道では、折り畳んで手にしていたコピーの地図を、積もった落ち葉の上にパサリと落とした。痩せた稜線の道でも、地図に到着時刻などを記入していた四色ボールペンを足元に落としてしまった。幸いどれもなくさずに済んだが、三度も落とすとは……。レンズキャップを拾いながら、今日はどうかしている、と思った。

次はなにを落とすのだろう。まさか、「命」ではあるまい。

＊

晩秋の一日、駅裏にある薮山を登りに来た。上りは一時間、下りは途中からコースを変えて一時間半ほどの、標高六〇〇メートルにも満たない小さな山である。谷あいの古びた無人駅を歩きだしたのが午前九時過ぎ。山頂を踏んで里道を下っていると、ふいに村はずれで正午を知らせるサイレンが鳴った。レンズキャップを落としたのは、その音に驚いたからではない。

このまま今朝の駅に戻ってもいいが、時間があればもう一山登ろうと考えて出かけてきたのだ。隣りの山が女性の乳房にも似た形で目の前に聳え、「おいでよ」と手招きしているように見える。

線路沿いの道に出て左へ行けば駅で、右へ行けばその山の登山口——といっても、薮山ばかりを紹介した特異なガイドブックの筆者がそう書いているにすぎない山への登り口——がある。まだ正午。隣りの山の歩行時間は三時間ほどだ。一抹の不安はあったものの、私は右の道へと足を進めた。まさか、こんなところで「命」を落とすこともないだろう。

＊

小さい山だからといって、侮ってはいけない。常にそう思い、気を引き締めて行動してきたつもりだった。

誰も見向きもしないような山は登山者も少ない。だから、道標も備わっていなければ、道も不明瞭である。不明瞭なだけでなく、かつて山仕事の人が往来していた踏跡や、古い生活道なども入り組んでいるので、ルートが読みづらい。

いつも使っている二万五千分の一の地形図も、通常の山では有用だが、小さな薮山歩きでは役に立たない。歩く範囲がハガキ大の範囲に収まってしまうような場合もあり、詳しい現在位置がつかめないのだ。そこで今回は、以前、山帰りに町役場に立ち寄って買っておいた、縮尺一万分の一の「白図《はくず》」をコピーしてきた。

白図には、地形図では省略されている街なかの路地から細い田舎道まで、実際にある道はほとんど描かれている。家一軒一軒の形も入っており、地形図にはない山道や山名が記されていることもあって、新たな発見の喜びを得ることもある。

一つ目の山は、二万五千図同様、白図にも、山道はおろか山名も記入されていなかった。二つ目の山にも、山名はあったが山道の記載はない。そのくせ山頂から延びる西側の尾根には山道があり、下山予定の麓近くには旧道らしき破線道が、山裾を巻くように描かれていた。それだけでも地形図より役立ちそうに思えた。

＊

二つ目の山へ向かいながら振り返ると、今しがた下りてきた一つ目の山が、線路脇からせり上がるように聳えている。登っているときには気づかなかったが、標高が低い割に山肌は急峻だった。細い稜線の奥に、先ほどまでいた小さな山頂が頭をのぞかせている。

ちょうど紅葉の盛りに当たったようで、落葉樹が全山を黄褐色に染めていた。いつもなら、まだもう少し高い山を訪ねている時季で、このあたりを歩くのは冬枯れの季節になってからである。しかし、ややフライングぎみにスタートした今季の薮山歩きは、結果的に小さな山を見直すこととなった。

低山でも場所と時季が合えば、紅葉の名所にも劣らない、あざやかな秋を味わうことができる。少しの不安をかかえながらも私の足を二つ目の山へと向かわせたのは、青空と、そんな思いがけない紅葉の仕業だったのかもしれない。

人影のない村の坂道を上がると、畑が終わるところで車道も行き止まりになった。胸のポケットから白図のコピーを取り出して目を落とす。畑を表す「V」記号が、植生界を示す細い点線に囲まれ、実線で描かれた道が、その横で終わっている。どうやら、ここが登山口らしい。山側を見ると、途切れた車道の脇から、意外にもはっきりした山道がつづいていた。傍らの木の枝には、薮山でルートを示す白いビニール紐が結び付けられている。

白図には山道の記載がないので、ボールペンで入口にだけ短く山道を書き込み、到着時刻をメモする。山道は緑色、時刻は赤、見かけた花の名前や気がついたコメントは青のボールペンで記入する。四色の残り一色、黒は山道を書き間違えたときに塗りつぶす修正用。四色ボールペンは、地図や方位磁針《コンパス》とともに、私の薮山歩きの必需品である。

左手に地図、右手にボールペンを持って、二つ目の山を登り始める。等高線の曲線が舌状にふくらんで、小さな尾根を表しているあたりを登っているらしい。時折り足を止めては、地図に緑色のボールペンで山道の形状を書き込む。つづら折りではジグザグの線を、山腹を横切るような場所では等高線に沿うような線を、それらしく書き込んでみる。

相変わらず山道は明瞭で、よく踏まれていた。その訳は、中間地点とおぼしき場所に着いて分かった。台地状の小広場になった一角に、小さな石の祠が祭られていたのである。麓の村を見下ろすように据えられ、その前には古い木の鳥居がかしいだまま立っていた。小広い平地の中央には焚火の跡があり、脇には腰かけるのにちょうどいい、短く切りそろえられた丸太が五つ六つ、無造作に並べられていた。その一つにザックを置き、隣りの丸太に腰を下ろした。

なんの神様が祭られているのかは分からないが、麓の村人がお参りや掃除のために登ってくるのだろう。そういえば一つ目の山にも、中腹の大木の下に小ぢんまりとした木造の社があった。白図には破線道の記載もなかったが、やはりそこまでは明瞭な山道で、社を過ぎるとかすかな踏跡に変わった。

丸太の上にザックを置いたまま石祠の前に立ち、百円玉を一つ、賽銭として供えた。無事の下山を祈り、ザックを背負う。広場を出発すると、山頂まではほんの一登りだった。草が刈り払われた頂上で眺めもよく、中央に麓から見えた測量用の櫓が立っていた。

周囲には、ここよりも高い、著名な山々が見渡せる。おだやかな日和に恵まれた今日、どの山も紅葉を楽しむ登山者で賑わっているに違いない。たとえ低い山でも、誰もいない山頂をひとりじめしていると、薮山歩きの楽しさが、ふつふつとわいてくる。

枯草の上に両足を投げ出して座り、地図を広げて、これから辿る予定のルートを、目でなぞってみた。山頂からいったん北に向かった尾根が馬蹄形に西へ回り、南下して標高を下げている。その尾根を下れば、山裾を巻くように描かれた破線道に出る。

破線道を東へ行けば、じきに県道に出て今朝の駅に戻れる。西へ向かえば、山裾を辿った先で小さな集落を抜け、そこからは宿場町の面影を残す県道を歩いて次の駅に出ることができる。山裾を巻く破線道は、車社会が発達する以前、自らの足だけが頼りだった時代に、村と村とを結んでいた旧道に違いない。

ザックを背に、北へ向かう。「特異なガイドブック」の紹介コースは山頂往復になっているので、ここからは〝参考書〟がない。晩秋とはいえ、おおいかぶさる灌木の枝や篠竹を手で払いながら、踏跡をはずさぬように急坂を下る。

下り切ったところで、ふいに道の先からガサガサと葉ずれの音が聞こえた。思わず足を止め、五感を研ぎ澄ますかのように身構えていると、現れたのは登山姿をした中年の夫婦らしき二人連れだった。人間だったことにほっとする。

「……どちらからですか？」

挨拶のあとに訊くと、

「××峠からです」

と、男性が聞き覚えのある地名を答えた。聞き覚えはあるが、場所が思い出せない。

「この先です。ぐる～っと回ってきました」

「はあ……」

「どちらへ？」

今度は私が訊かれた。

「西側の尾根を下るつもりですが……」

そう言って灌木越しに見える尾根を指さした。

「ああ、この先の三叉路に古い杭が立っています。そこを左ですね。尾根に出た二つ目のピークからは眺めが素晴らしいですよ」

「その先にも道はありましたか？」

「私たちは、そこまで行って戻ってきましたので……」

薮の中での密談のような会話を終え、礼を言って別れた。途中までだったが、思いがけず提供された具体的な道案内で、ひととき安心感を覚える。

尾根を登り返すと思っていた道は、暗い杉林の斜面を巻きながらつづいていた。すぐに三叉路になり、傍らには確かに古い杭が立っていたが、文字が判然としない。左に戻りぎみに登る道がルートなのだろう。白図にある山道にぶつかったあたりと目星をつけ、緑色のボールペンで白図のコピーに三叉路の形状を書き込む。

左手の道を登ると西側の尾根上に出て、雑木林に囲まれた一つ目の峰を越え、ゆるく登り返して二つ目のピークに着いた。草地が広がり、聞いていたとおり眺めはよかったが、取り立てて素晴らしい眺望というわけではなかった。眼下に宿場町らしき屋並みがつづく県道が見え、遠方には、かつて生活や文化の障壁ともなった山々が立ちはだかっている。その向こうには新雪を頂いた山脈《やまなみ》が連なっているはずなのだが、標高の低いここからは、背伸びしても望めない。

尾根を南下し、露岩のある小ピークに着いた。白図ではさらに破線道がつづいているにもかかわらず、明瞭だった山道は、なぜかここでぷつりと切れていた。その代わり、尾根をはずれた東側の斜面に、細い踏跡が下っている。

予定では「尾根を忠実に下る」だったが、私は歩きやすそうに見えた踏跡を安易に下り始めていた。今朝の駅の方角へ向かっているし、斜面を辿ってから尾根へ戻るに違いない。地図と実際の道が異なることはよくある。ここもそうなのだろうと思った。時折り足を止めては、白図に山道の形状を書き込みながら斜面を下る。

ところが下るにまかせているうちに、いつしか道は沢に下り着いていた。飛石伝いで渡れるほどの細い沢である。見れば、踏跡は沢を渡った先で登り返し、山肌を巻くようにして、その先に消えている。

ここで、ようやく我に返った。

この踏跡を進んでも、里に出られるという確証はない。

予定のルートとは大きくはずれている。

なぜ、なんの疑問も持たずにこんな道を下ってしまったのか……。踏跡の下り口には、枯枝を×形に置いた「入ってはならない」の合図《サイン》もなかったが、人の少ない藪山で、そんなものに頼っているようではいけない。露岩の向こう側をもっとよく見ればよかったのだ。その先に、進むべきはずの山道がつづいていたのかもしれない。しかし、後の祭りだ。

さあ、どうしよう……。

とりあえず、落ち着いて考えることにした。日暮れの早い秋とはいえ、まだ二時を過ぎたばかりだ。焦る必要はない。石の上にザックを下ろし、水筒を出して水を飲む。

沢の流れを目で追えば、下流にトンネルを抜け出た鉄道の線路が見え、その向こうには県道が並行してつづいている。沢を下り、鉄橋をくぐった先で崖をよじ登れば県道に出られそうだ。

だが、「沢を下ってはならない」というのは、道に迷ったときの〝山歩きの鉄則〟である。ここから見えないところに、滝や険悪な岩場が隠れていないともかぎらない。

それなら、山の斜面をトラバースして、トンネルの入口手前で線路を渡るのはどうだろう。けれど、山肌は急斜面のうえ、足元が崩れやすそうに見える。灌木ばかりで、手掛かりになりそうな太い木も生えていない。慎重なのか憶病者なのか、線路を渡ろうとしてトンネルから出てきた列車に跳ね飛ばされる自分の姿が脳裏に浮かぶ。

なによりも、予定のルートをはずれてしまったことが不本意だった。たとえこのまま里に出て帰ることができても、悔いが残るに違いない。薮山歩きの醍醐味は、地図を読み、道を探りながら、予定したルートを歩き通すことだ。

戻ろう。

今いる場所は分かっている。道に迷ったわけではない。

――おまえ、なかなか冷静だよ。

もう一人の自分の声が、私を励ました。

「道に迷ったら高み（尾根）を目指せ」。まるで登山の初心者だった少年の頃に戻ったかのように、また別の〝鉄則〟が思い出される。

しかし、下ったばかりの急坂を登り返すのは、仮にそれが短時間だとしても、億劫だった。登り返してまた尾根を下るのであれば、下り着く地点を目指して三角形の一辺を突っ切ればいい。コンパスを見なくても、進むべき方角は分かる。進んでみて行き詰まったら、戻って尾根に引き返せばいいだけのことだ。そのための時間は充分に残っている。

藪こぎに備え、水筒とともに、カメラもザックに仕舞う。下ってきた坂を少し登り返し、緩斜面になった山肌を、尾根の末端へ向けて、藪に分け入った。小枝を手で払い、草を脚で押し退ける。倒木をくぐったり、迂回したりする。こんな場面にかぎって棘の出た蔓などがあるもので、ズボンの布地に絡んでは、チクリと肌を刺した。

時折り立ち止まり、周囲を見回して、ルートの修正をしながら進む。しばらく行くと、背丈ほどの土の崖上に出た。木に登って前方を確認しようと思ったが、登ったら折れそうな細い木か、下部に枝のない高木しか見当たらない。

仕方なく崖をずり落ちるようにして下り、平坦な場所に出た。左手、東側は一面に篠竹が密生した藪。目指す尾根の末端は右手、もう少し西方なので、ゆるく上りぎみに山裾を辿っていく。周囲より下草が少なく、心持ち歩きやすい。じきに前方が明るくなり、尾根を回り込む気配を感じさせた。どこかで下ってくる予定だった尾根道と出合うはずなので、それを見落とさないよう、北側の山肌に気を配りながら進む。

だが、見つけたのは道ではなく、草の中にたたずむ小さな石仏だった。古い石仏のようで、風化した表面は荒くざらつき、目鼻立ちも分からない。

なぜ、こんな山の中に、ぽつんと置かれているのだろう……。

そのとき、はっと気づいた。

石仏の背後、山側には、下った崖とおなじ高さの土の崖が帯状につづいている。辿ってきた歩きやすい足元は、ちょうど昔の荷車などが通れそうな幅で、それが山裾を回るように自然な曲線《カーブ》を描いて延びている。

これは、道ではないか。

そうか、これが白図にあった旧道なのだ。尾根道を下ってきて出る予定だった旧道に、すでに今、立っているのだ。石仏があるのは、かつて人馬が行き交った古い道であることの、なによりの証しである。

安堵すると同時に、私は愕然とした。

予定では、旧道に下り着いたら東へ向かい、県道に出るつもりだった。だが、ここが旧道だとしたら、今しがた私は逆コースで辿ってきたということになる。つまり、東へ向かえば、旧道は密生した篠竹の海に没して消える。とても入り込んでいこうという意欲をわかせない、陰気な薮だった。

もし、沢筋に下らず、予定どおり尾根を歩いて下り着いていたら、のんきに旧道を歩いていった末に篠竹の海に突き当たり、道を失って立ちすくんでいたことだろう。想像すると、背筋に軽い悪寒が走った。

次はなにを落とすのだろう。まさか、「命」ではあるまい……。

一つ目の山を下りてきたときにかすめた不安がよみがえる。

ここまで来て、再び思案することになった。

さあ、どうしよう……。

戻る、という選択肢はない。陰気な篠竹の薮に分け入る気力は毛頭ない。残るは、このまま西へ進んで集落を抜け、宿場町から次の駅を目指すか、あるいはルートを探りながら南へ向かって県道に出るかだ。

しかし、たとえ西へ向かったとしても、すんなり通れるという保証はない。東側とおなじように、篠竹のジャングルが待ち構えているかもしれない。南へ直進したほうが、距離はずっと短い。

南側を目で探ると、林がまばらになって人が縫っていけそうな隙間がある。林床もその部分だけ草丈が低くなって、人が歩いた跡のようにも見える。

逡巡していると、背後から声が聞こえた。

——その踏跡を行け。

振り返った視線の先で、石仏が見上げている。

そうか、ここを進んでいいのか……。

もとより石仏は、旧道を辿る人々の安全を守るためにここに置かれたはずだ。〝旅人〟を助けてくれようとしているのだろうか。

私は踏跡らしき林の隙間に足を進めた。歩きやすい場所を選びながらも、方向を誤らないように注意し、木々の間を抜けていった。

最後は深い笹に閉口したが、それも束の間で、じきに県道に飛び出した。私の置かれていた状況など知る由もなく、時折り車が風を起こしては走り去っていた。

＊

今朝の駅に向けて路肩を歩いていくと、車道の両側につづいていた林が途切れ、視界が開けた。人けのない民家の、どの庭先にも秋の花が揺れている。民家の背後には、午後に登った二つ目の山が大きく、その東側には、午前中に歩いた一つ目の山が小さく、それぞれ黄褐色の山肌を斜光に照り輝かせていた。

つい先ほどまでうろついていた沢筋が、尾根の蔭になって、ほど近く見える。

あんなところで右往左往していたんだな……。

ひとごとのように思い返し、山を見上げながら歩く。

それにしても、不思議な〝声〟だった。

――その踏跡を行け。

耳に聞こえる声ではなく、相手に意思だけを伝えようとするような〝声〟が、確かに石仏から私に届いた。

もしかしたら、山には神様の通信網《ネットワーク》があるのかもしれない。神仏混淆――神様も仏様も、昔は一緒だった。「助けてやれ」と、神様から石仏に伝令が飛んだのだろう。

無事に下山できますように……。

一つ目の山にあった古い木の社でも、二つ目の山で出会った石祠でも、賽銭を供え、祈っておいた。神様はそれを忘れず、身を守ってくれたのだ。今頃は、報告を受けているに違いない。

――登山者一名、救出しました。

顔のない石仏が、にっこり微笑んでいる気がした。

# 滝から滝へ

奥多摩駅に次の列車が着いた。

改札の外でほかの登山者たちに交じって同行者を待っていると、ザックを背負って続々と降りてくる人の中から、佐野さんが飛び出してきた。実際には歩いて出てきたのだが、いきなり目の前に現れたので、飛び出してきたように見えたのである。

「おはようございます」

声をかけると、いきなり私の肩を手で押すようにしながら、「タクシー乗りましょう」と言って、ずんずん歩き始めた。

「……予約、受けてくれなかったんですよ」

五月半ばの週末で、山は新緑がまぶしい季節。駅前広場には登山者が何十人、何グループもいたが、客待ちをしていたタクシーは一台きり。誰かに先を越されたら次の車を長時間待つだろうことは、容易に想像がつく。佐野さんのあわてぶりは理解できた。だが、今日は三人での登山だったはずである。桐生さんがまだ来ていない。

「海沢《うなざわ》園地まで」

タクシーに乗り込み、佐野さんが行先を告げる。

「途中までしか入れませんが……」

運転手の返事に、「じゃあ、行けるところまで行ってください」と応えて一安心したのか、佐野さんは走り始めた車の後部座席に体を沈ませると、大きく息をついてから話を切りだした。

「さっきケータイに電話があって、桐生さんは来られないそうです」

奥多摩駅に十時集合の計画書を出していたので、到着を見計らってか、駅に着いたとたんに電話がかかってきたのだと言う。仕事が片付かなかったらしい。

こんな天気のいい日に、編集っていう仕事も因果な商売だなあ。今日は二人か……。

そんなことを思いながら、私は少しばかりの困惑を覚えていた。

山の会の集まりに出ても、どちらかといえば佐野さんも私も聞き役で、積極的に話をするほうではない。無口ではないが、必要なこと以外はあまりしゃべらない。話し好きな仲間たちの会話を、相槌を打ちながら聞いている時間のほうが多い。

佐野さんが幹事になって今回の山行計画を立てたのだが、日程の合わない人が多く、参加者は桐生さんを含めた三人きりだった。そこまではいいのだが、桐生さんが仕事で来られないという。口の重い二人で、どんな山行になるのだろう……。

タクシーの揺れは、私の心も揺らしていた。

気を遣うことになるのかな。佐野さんもそう思っているのかな。でも、山の会でもう十年ほどの付き合いになる。二人だけの山行は初めてだが、グループでは何度も同行している。私より年長で山行経験も多い佐野さんにゆだねようか。なにより彼が今日の山行の〝リーダー〟なのだ。そう思うと、少しだけ気持ちが軽くなるのを感じた。

海沢の集落を過ぎると車は山あいの狭い林道を走るようになり、途中で歩いている登山者のグループを追い越した。我々とおなじルートで登る人たちらしい。

「早い電車で来ていたんですか？」

落ち着いた口調で佐野さんが訊く。

「はい、一本前ので……。時間があったので、駅前の交番で海沢探勝路について訊いてきました」

＊

今回は、当初、大岳山に登り、御岳《みたけ》の山上集落にある宿坊に泊まるという、一泊二日の計画だった。しかし、参加予定の桐生さんも私も翌日の都合がわるく、結局、日帰り山行に変更となった。佐野さんがコースの希望を計ったとき、私は迷わず海沢からのルートを提案した。

大岳山には、過去二回登っている。けれど、私にはあまりいい印象を残してくれていなかった。最初に来た冬には、朝の列車が事故で足止めされ、歩きだす時間が大幅に遅れた。山道はところどころで凍っており、通過するのに苦労した。下山後には気がゆるんだのか、集落内の坂道で足を滑らせて手を擦りむくというおまけまで付いた。

二度目は真夏で、山頂は蒸し暑かっただけ。鋸尾根を奥多摩駅へと下ったのだが、最後の長く急な石段に閉口したという記憶しか残っていない。いずれにしても、その後もう一度行きたいと思い立つこともなく、二十年余りの歳月が過ぎた。

「……海沢から登るんでしたら行きます」

私のわがままを、佐野さんはすんなり受け入れてくれた。

大岳山北面の海沢谷には、「三ツ釜の滝」「ネジレの滝」「海沢大滝」と三つの滝が、それぞれほど近い間隔で連なり、合わせて「海沢三滝」と呼ばれている。奥多摩の滝は、登山の折りなどにいくつも目にしてきたが、海沢はまだ訪れていなかった。そのコースを登れるなら、目的地が大岳山でもいいと思った。

「滝を見たいんです」

「上りはどこからでもいいですよ。私は宿坊に泊まりたいと思って……」

佐野さんの希望は、ある小説家の母親の実家だという宿坊に泊まることだったが、日帰り山行になってしまったため、私の要望だけが生かされることになった。少しばかりの申し訳なさと、海沢への期待とが入り交じり、複雑な気持ちの山行までの日々だった。

＊

奥多摩駅に着いて広場の先へ出ると交番があった。入口の〈登山指導所〉と書かれた看板を見たとき、自分でコースを提案した手前、海沢谷の道を確認しておこうと思った。交番には三人の巡査がいた。そのうちの一人がやけに詳しく、「ゴールデンウィークには何組か入ってましたよ」とか、「大滝を過ぎた一枚岩に気をつけてください」などと、私の質問に丁寧に答えてくれた。市販の登山地図では主稜線まで難路を示す赤い破線道になっていて不安もあったが、「難路」ということは、「道がある」という意味でもある。

「人はけっこう入っているらしいですよ」

交番での話を佐野さんに伝えると、

「そうですか。……あそこには一人、山に詳しい人がいるんですよ」

と、どこで仕入れたのか、車窓の景色を眺めていた顔をこちらに向けて〝駅前情報〟を教えてくれる。

そんな話をしているうちに、運転手は「じゃあ、ここまでで……」と言って、道の途中で車を止めた。すれ違い用に道幅がやや広がった場所で、私たちを降ろすと、タクシーは向きを変え、さっさと戻っていった。

降ろされたはいいが、登山口である海沢園地の手前、どのあたりまで入ったのか、見当がつかない。駅から園地までは約六キロ、歩けば一時間半ほどの道のりである。それを車で奥まで入れたのだから、まあ、よしとしよう。

山側の崖には白い花を付けたウツギが群生していた。谷側は足下深く海沢の流れが白い奔流を見せ、対岸からは新緑の山肌が稜線に向けて急勾配でせり上がっていた。花に目をやり、谷を覗きながら、とにかく私たちは車道を進んだ。

少しばかり行くと、崖から崩落したのか、道の真ん中にカボチャ大の石が一つと、細かい岩屑が散らばっていた。タクシーが手前で引き返したのはこのせいなのか。それにしては足で押せば簡単に動かせそうな石だった。

二十分ほど林道を歩き、十時半、海沢園地に着いた。東屋とトイレがある草地の脇を、沢が流れている。先ほどまでは深かった谷が、もう、清流に手をひたせる近さにあった。石の上に足を置いて靴紐を結び直していると、ひとりごとのような声が耳に届いた。

「〈海沢の四滝〉になってますね」

見ると、佐野さんが指導標の前で首をかしげている。

まさか滝は増えたり減ったりするものではないだろう。念のために車道脇に立っていた案内板の地図を見てみたが、やはり滝は三つしか描かれていない。

「もう一つはあれじゃないでしょうか？」

そう言って、私は沢の堰堤を落ちる幅広い流れを指さした。

「………」

佐野さんは笑顔を見せたものの冗談には応じてくれず、「新しく発見された滝があるのかもしれませんね」と言うと、先に立って堰堤上の橋を渡り、海沢谷左岸につづく山道を歩き始めた。いよいよ海沢探勝路である。

すぐに三ツ釜の滝が現れた。「釜」とは、深くえぐられた滝壺のことである。名前から三段の滝と三つの滝壺が一目で見られると想像していたが、下段の滝の正面に道は下りていた。広い滝壺と河原を前に、滑滝《なめ》状の太い白布が、木漏れ日を散らしながら流れ落ちていた。

「……いいですねえ」

「いいですね」

二人とも滝を見つめたまま、おうむ返しの言葉とため息しか出ない。

コースに戻ると、すぐに上段の滝の脇に出た。下段よりも落差は小さいが、深い釜を真上から覗き込める位置で、中段の滝と釜も見える。深く水をたたえた釜の水面《みなも》には、緑蔭ときらめく木漏れ日が、淡いステンドグラスのように揺れていた。

山道を五分ほど登ると、ネジレの滝への分岐である。沢伝いの小道を進むにつれて、岩壁の向こう側から滝音が近くなってくる。だが、道からは滝の姿が見えてこない。さらに水際を回り込んで、ようやく正面に出た。両岸から大岩が張り出し、洞《ほら》のようになった地形の奥に、二段の滝が落ちていた。上段は左へ、下段は右へ流れ、まさにネジレている。やや暗く陰気な印象だが、ひそやかな〝隠れ滝〟の雰囲気があった。

滝の前から直接コースに戻れる道はないので、来た道を分岐まで引き返す。さらに山道を辿ると、登り着いた小さな尾根の一角で、木の根元に置かれた二つのザックが目に入った。ここが大滝への下り口らしい。

「我々も空身《からみ》で行きましょう」

そう言いながら佐野さんが置いたザックに、私のザックをもたせ掛ける。カメラだけ首からぶら下げて、私たちは崩れやすい斜面の道を大滝へと向かった。途中でザックの持主と思われる熟年夫婦とすれ違い、沢へと下る。徐々に水音をとどろかせ、大滝が姿を見せ始めた。河原に下り立ち、飛石伝いに対岸へ渡る。落差は二十メートルほどだろうか。低い上段と立派な下段。水量も多く、大滝の名に恥じない。岩壁が滝壺を囲むようにぐるりとU字形に広がるさまは、滝のための円形劇場のようだった。まわりにはカエデの大木が二本、三本、滝壺を守るようにせり出し、枝葉を広げている。

「秋にはよさそうですね……」

佐野さんも気づいたらしい。

今は新緑のカエデを前景にして大滝の写真を撮り、道を登り返す。ザックの元へ戻り、小休止することにした。

十一時三十分。地図に時刻を書き込みながら、園地を出た時刻を思い出す。十時半過ぎだった。一キロとない道のりに一時間もかかっている。滝への往復、眺めている時間があったにせよ、まだ山頂までの行程の五分の一しか来ていない。この分でいったら頂上到着は何時になってしまうのか、不安がよぎった。

「頂上まで、どのくらいの時間でしょうかねえ」

なにげない口調で佐野さんに訊いてみた。「難路」の扱いのせいか、登山地図の海沢谷には、コースタイムが記載されていなかった。

「……登山口から二時間、二時間半ほどですかね」

いい線いっている。海沢園地の標高が約五五〇メートル。大岳山が一二六六メートルだから、標高差は約七〇〇メートル。休憩を入れて二時間半は妥当だろう。奥多摩駅を十時出発。園地が十時半で、山頂には一時着。私はそんな想定をしていた。多少時間がかかっても、日の長い季節だからあわてることはないだろう。

ザックを背負って歩きだそうとすると、タクシーで追い越した十人ほどの中高年グループがやってきて、大滝への道を下り始めた。

「大岳山まで登られるんですか？」

すれ違い際に佐野さんが訊くと、「そうです」「こんにちは」などと言葉を返しながら、ザックを背にしたまま大滝へと下りていった。後ろからまだ登ってくる人たちがいるのは心強い。一人で歩いているときなら、なおさらそう思う。

「いい滝でしたね」

「四つ目はどこにあったんでしょうね」

そんな会話で滝めぐりを締めくくると、ようやく足も気持ちも大岳山へと向かう。足下に沢音を聞きながら、山道はゆるやかな勾配で高度を上げていった。

尾根を歩いて山頂を目指すときには折々に開ける展望が苦しい登りの励みになるが、谷歩きでは眺めが得られない。しかし、出会った滝の景観もまた気持ちを高揚させ、登行の励みとなって、我々の足取りを軽くしてくれるようだった。

谷道をおおう若葉。風とからみ合いながら差し込む光。丸木橋で沢を渡ると、対岸にワサビ田が現れた。

「こんな山奥にもあるんですね」

前を歩く佐野さんが足を止める。よく手入れされた様子が、捨てられた田ではなく、現役のワサビ田であることを示している。近い集落からでも、歩けば片道二時間はかかるだろう。

「弁当持って、一日仕事なんでしょうねえ……」

応えながら、私は山あいの〝農地〟へ通う苦労に思いを馳せた。

「でも、こういうのって、いいなあって思いますよ」

佐野さんが嬉しそうな口調でつづける。彼はあと数年で定年を迎える。

「田舎暮らしして……ワサビの栽培して……帰りにタラの芽なんか摘んで……」

「……夕暮れの縁側で一杯、ですか？」

「そうそう」

「ワサビの葉のおひたしをつまみに？」

「タラの芽の天ぷらも……」

「あ、いいですね〜」

清冽な水音が、ワサビ田と我々のまわりを跳びはねている。

気がつけば、佐野さんも私もよくしゃべっていた。歩きながら、ずっとなにかしらの話をしていた。

口の重い二人で、どんな山行になるのだろう……。

歩き始める前に抱いていた懸念はなんだったのか。息を切らすような急登がないせいかもしれないが、あるいは、少し滝に酔ったのかもしれない。

三つ叉の沢を過ぎると山道は傾斜を増し、いつの間にか谷筋を離れて、山肌を辿るようになっていた。それにしても道は明瞭で、登山地図で示された「難路」とは思えなかった。大滝の前後ですれ違った、山慣れているとも思えない夫婦や、中高年のグループが入るほどのコースである。分岐でもないのに、途中には真新しい指導標も立っていた。

標高が上がるにつれて徐々に眺めも広がり、足を止める回数が増えた。立ったまま休んでいると、単独行の女性が下ってきてすれ違う。さらに進むと、若い男性が一人、頂上が近いことを教えるように、「富士山が見えますよ」と言いながら下っていった。「難路」は、もう充分に「一般向けコース」だった。

ほどなく稜線から派生した支尾根に登り着く。ここで初めて大岳山が谷越しに頂を見せた。十二時四十五分。休憩しながら地図に時刻を記入する。昼は過ぎたが、リーダーはどう判断するのか。頂上までは三十分ほどだろうから、あと一頑張りである。空腹感は覚えるが、せめて頂上まで行きたい。ザックを背負い、尾根道を歩き始める。

「佐野さんがよろしければ、私はもう少しペースを上げられますよ」

後ろから声をかけてみたが、佐野さんの歩調は変わらなかった。しかし、それが間違いではないことを、すぐに私は思い知らされた。歩きつづけていた疲労が、知らず知らずのうちにたまっていたのである。疲れは感じていなかったが、足は重く、これまでのペースを保つのがやっとだった。少しばかりの休憩をとり、疲れが抜けたと錯覚したのだろう。もしペースを上げられたら、佐野さんとの間隔は広がり、弱音を吐いていたかもしれない。

支尾根の道はじきに稜線へ出て、奥多摩三山を結ぶ主脈縦走路に合流した。頂上は目と鼻の先である。

「頂上まで行っちゃいましょう」

私が声で佐野さんの背中を押す。私はその背中に引っ張られるようにして、重い足を運ぶ。すぐに休憩する登山者の姿が林の中に散見されるようになり、大岳山の頂上に着いた。

腕時計を見ると、一時十分。十分遅れだが、意外にも予想とさほどたがわぬ時刻に到着できたことが、私はひそかに嬉しかった。南西面が切り開かれた一角からは、蒼く霞む山並みの果てに、富士山がまだぼんやりと白い頂を見せていた。

展望を楽しむ人、別のコースから登り着いたグループ、見知らぬ人に頼んで記念写真を撮ってもらっている若いカップル。賑やかで充足した空気が、山頂に満ちていた。そんな人たちを見ていると、私たちも登頂の喜びとともに、楽しさをお裾分けしてもらっているような気がした。

頂上から一段下がった平坦地を選んで、昼食にする。それぞれ持参した、佐野さんは奥さん手作りの弁当、私はコンビニで買ってきたおにぎりを食べる。食べながら、私は初めて歩いた海沢谷を思い返していた。「難路」の道も、たがいの会話も、結局すべて取り越し苦労だった。好印象が残っていなかった大岳山の記憶も、頂上に着いた今、すでに払拭されていた。春のせいか同行者のおかげか分からないが、来てよかったと感じていた。

食事を終えると、佐野さんはザックから出した携帯コンロを組み立て、コッヘルで湯を沸かし、二人分のコーヒーを作り始めた。

「……今日はカップ持ってきていないんですけど」

私が伝えると、「ああ、ありますよ」と言いながら、佐野さんはザックからアルミ製の小さなマグカップを二つ取り出した。実は、気を遣っていたのは私ではなく、佐野さんのほうだったのだ。水も余計に持ってこなければならないし、桐生さんの分のカップも、たぶんザックの底に忍ばせてあるに違いない。

「御岳からの下りはどうします？」

頂上で山名の書かれた指導標を入れて写真を撮ると、佐野さんが訊いた。

「ケーブルで下ります？　それとも……」

「あの……できれば私は天狗の滝へ下りたいんですけど」

「天狗の滝？」

「払沢《ほっさわ》の滝の方です。馬頭刈《まずかり》尾根を行って、途中のつづら岩から南へ下るルートです」

今が二時。コースタイムでは二時間半ほどだから、休憩を入れても三時間。

「五時ちょうどのバスには乗れると思うんですが……」

「五日市の駅に出るんですね？　行ったことのない道ですし、いいですよ」

佐野さんは、またも快諾してくれた。

当初は御岳の宿坊に泊まる予定だったのだから、当然、御岳方面へ下りるものと佐野さんは考えていたのだろう。私は、泊まりでも二日目は天狗の滝への道を提案するつもりだった。十年ほど前、秋川の滝めぐりをしたときに訪れた天狗の滝を、もう一度見たかったのである。そのときに見逃した、おなじ沢の上流にある綾滝へも、この機会に訪れたいと思っていた。だから、バスの時刻も調べておいたのである。

佐野さんに、小さな借りができてしまった。御岳へ出たら、どこか立ち寄りたい場所があったのかもしれない。しかし、それには触れまいと思った。

岩がちの坂を下り、大岳神社の前に出る。社殿は古めかしいが、石彫の狛犬は単純化された姿で、前衛的に見えた。御岳への道を左に分け、大岳山荘の前を抜けて展望広場に出ると、目の前にこれから辿る馬頭刈尾根が、小さなアップダウンを連ねて横たわっていた。

山頂の東面を巻き、鋸尾根へつづく道を右に見送れば、長い稜線の馬頭刈尾根の始まりである。ゆるやかで歩きやすい道が、新緑の雑木林の中につづいていた。南へ白倉への道を分け、北へ養沢への道を分ける。分岐を過ぎるときには、ちょうどそれぞれのコースを下りていく人たちがいた。

すぐに富士見台とおぼしき露岩の小ピークに着く。だが、すでに富士山は春霞に姿を隠していた。片隅で休憩していた中年単独行者のじゃまをしないよう、私たちは休みもそこそこに先へ進む。すると、すぐに急な上り坂となり、東屋が建つカヤトの円頂に登り着いた。指導標に〈富士見台〉とある。

「あれ？　さっきのピークは違ってたみたいですね」

私の言葉には、照れ隠しも入っている。

「ちょっと休憩にしましょう」

そう言って、佐野さんはザックを下ろす。

富士見台は開けた草原で、枯草と新芽の緑が斑模様を描いていた。富士山はやはり霞んで見えなかったが、大岳山の頂が見慣れたキューピーの頭に似た形で大きく聳えていた。私が写真を撮っていると、佐野さんは草原をあちらこちらへと歩き回りながら、腰をかがめてはなにか摘んでいた。戻ってきた手には、ワラビが何本も握られている。それを見て、ふと戯言《ざれごと》を思いついた私は、真面目な顔を装って言ってみた。

「ここのワラビは、たぶん美味《おい》しくないですよ」

その言葉に、佐野さんは怪訝な表情を向ける。

「そうなんですか？」

「だって、ここは〝不味《まず》かり尾根〟ですから……」

私が笑うと、一拍おいて佐野さんの顔にも笑みが浮かび、

「いえ、〝まず、刈り尾根〟ですよ」

と返してきた。

「あれ、一本とられましたね」

うなだれる私に、

「いいえ、もう五、六本採ってます……」

そう言って、ワラビを持つ手を私に見せ、また草原を歩き始めた。

「あ、タラの芽がありますよ！」

草原のはずれで、小さくなった背中が叫んでいる。

「あんまり採ってもね。少しは残しておかないと……」

戻ってきた佐野さんは、名残り惜しげにワラビとタラの芽をビニール袋に入れ、ザックに詰めた。ちょうど三時。そろそろバスの時間も気にかけなければならない。

富士見台を過ぎると山道には岩が目立ち始め、正面につづら岩の岩峰が近づいてくる。岩の基部を巻きながら見上げる垂直の岩壁に、三人のクライマーが取り付いていた。頂上でロープを垂らしているのは確保役の人だろう。しばし足を止めて仰ぎ見る。

「てっぺんは気持ちよさそうですね」

佐野さんは、かつて岩登りもやっていた。こんな場面に遭遇すると、指先がうずいて岩の感触を思い出すのかもしれない。

岩壁下の道を進むと、杉林の中に千足《せんぞく》集落への分岐が現れた。綾滝、天狗の滝へ向けて、短いつづら折りを繰り返す急坂を下る。展望もない道を、どんどん下る。

三十分ほどで綾滝に着いた。弓状にゆるやかな弧を描く水流が、鈍色《にび》の岩肌を滑り落ちている。地形図にある高黒岩という大きな岩塊が地中にも根を張っており、おそらくその末端あたりが沢に出合い、滝をつくっているのだろう。傍らには、小さな祠と不動明王の石像がたたずんでいた。

この滝には伝説がある。昔、檜原城が落城したのち、城主の奥方がここに逃れ、庵をつくって余生を送ったというものである。真偽のほどは知る由もないが、祠や石像は故事にまつわるものなのかもしれない。西に聳える高黒岩の尾根に日がさえぎられて薄暗いことも、伝説を悲しく偲ばせるようだった。

「落差は十五メートルくらいでしょうか?」

私が訊くと、

「いや、二十メートルはあるでしょう。低く見えても、けっこう高いものですよ」

そう言いながら、佐野さんは沢の石を伝って滝壺近くに歩み寄った。飛沫《しぶき》がかかりそうな場所で自分の背丈を物差しにして、頭上に手をかざす。

「ほら、このへんで二メートル……」

佐野さんと背後に落ちる滝を見ながら、私は目を見張った。

「佐野さん、離れて。早く!」

私の手招きに訳も分からぬまま戻ってきた佐野さんは、「なんですか?」と言いながら滝を振り返った。

「ほら、あそこに姫の横顔。右に殿様の顔があります……」

説明しながら、私は滝を指さした。

水流が落ちる岩壁の左側。岩の窪みが目、眉毛、その下に口、貼り付いた苔が長い黒髪のように見える。右側の岩は角張った男の顔で、目も鼻もある。滝の流れを挟んで、姫と殿が向き合っているのだった。

「憑かれますよ……」

私は、佐野さんに滝のいわれを語った。知っていたからそんなふうに見えただけで、知らなければなにごともなく過ぎてしまう。たぶん、そんな些細なことだったに違いない。

流麗で伝説さえある滝にもかかわらず、綾滝は地形図に名前はおろか、滝記号すら載っていない。ひそやかに暮らした姫の余生のように、この滝もまた、人知れず山中にひっそりとたたずむのがふさわしいのかもしれなかった。

綾滝をあとに沢を何度か渡り返すと、山道は階段状の急坂となって、天狗の滝の前に出た。何年ぶりだろうか。初めて訪れたときにも明るい日を浴びていた滝は、綾滝が日蔭になった午後も、まだ滝身《そうしん》に日の光をとどめて待っていてくれた。

岩肌を滑り落ちる流れが下部では岩の突起によって二本に分けられる、末広がりの優美な滝である。側壁の上部には、薄紫色のフジの花が、文字どおり花を添えていた。

「奥多摩の滝といえば払沢の滝が有名ですけど、私はこの滝がいちばん好きなんです」

私たちは、誰もいない滝の前で、ひとしきりその姿を眺めていた。

「直瀑よりも、滑滝のように岩を滑って落ちる滝が好きなんです。日光でいえば華厳の滝よりも、霧降の滝が好きですね」

山肌にぽっかりと開けた、この明るさもいいのだ。私は、つい饒舌になっていた。

「払沢の滝の入口あたりから、この滝が山の中腹に見えるんですよ」

たぶん、私が見たかったのではない。この滝を、誰かに見せたかったのだ。佐野さんにも、来られなかった桐生さんにも、この滝を見てほしかったのだ。

「海沢の滝は、昔、見にきたことがありますが、天狗の滝は初めてです」

フジの花を見上げながら佐野さんが話をつづける。

「綾滝もよかったですが、今日見た滝の中では、ここがいいですね」

「……私は、海沢大滝がよかったです」

大滝は、苔むした岩壁に掛けられた、一幅の水の掛軸のようだった。

たがいに初めて見た滝がよかったということは、今日のコース取りがわるくなかったということでもあろう。リーダーを差しおいて自らの希望を押し通した後ろめたさを、佐野さんの言葉が洗い流してくれるようだった。

四時二十分、天狗の滝をあとにして、山道を下る。沢を渡ると舗装された林道になり、集落が近いことを教えてくれる。佐野さんは道脇の山肌に目をやり、相変わらずタラの芽を探しながら歩いていた。

最初の人家を過ぎると、山裾の傾斜地に別荘を思わせる丸太造りの家が数軒建ち並んでいた。こんなところにも〝田舎暮らし〟を実践している人たちがいるのである。

田舎暮らしか。それもいいかもしれないな……。

そんなことを思っているうちに、道は民家のあいだを抜けて北秋川沿いの街道に出た。左に行けば、すぐに千足のバス停である。四時四十五分。五時のバスに余裕を持って間に合った。ザックを下ろし、ベンチに腰かける。日は山の端に沈んだが、谷あいの村はまだまだ明るい。おなじコースを下りてきたらしい二人連れの若者が着いて、道端にザックを置いた。日に焼けた顔が、新緑のようにまぶしい。

バス停の横にある商店を覗くと、奥の冷蔵ケースの中に缶ビールが見えた。〝夕暮れの縁側で一杯〟の時間である。

「ビール売ってますよ」

声をかけると、ベンチに座ったまま佐野さんが笑顔を見せる。

私は、甘い空気に包まれた、こんな春の夕暮れが大好きだ。

# 霧の十二ヶ岳

湖の対岸に、これから登る毛無山が見えていた。その奥には、ぐんっと背伸びしたように頭一つ分毛無山より高く、十二ヶ岳が険しい頂を聳やかしている。

登山前の用を足そうと、河口湖畔の「道の駅」に車を停めた私たちの目に飛び込んできたのは、麓から稜線まで紅葉に彩られた、今日歩く二つの山だった。由木《ゆぎ》さんと二人、車もまばらな駐車場の片隅に立ち、山化粧に見入る。

麓が紅葉なら山頂は落葉し、山頂が紅葉なら麓はまだ色づき前。秋の山とは、そんなものだという思い込みがあった。だが、湖上の山肌は黄褐色の広葉樹の中にカエデの赤や針葉樹の緑を点在させて、山全体をおおっていた。雲は低く暗いが、頂を隠してはいない。時折り霧のかたまりが風に流され、形を変えながら頂や中腹を横切っていった。

晴れていればきれいだろうなあ……。

残念に思いながらも写真を撮っておこうと、私ひとりカメラを取りに車に戻った。後部座席のドアを開け、ザックから一眼レフを取り出す。裏蓋を開けてフィルムを装填し、スイッチを入れる。そのとき、表示窓に電池切れを示すマークが点滅した。そういえば、もう何年も電池交換をしていなかった。小物入れのケースを開けて中を探ってみたが、なぜか入れてあるはずの予備の電池がない。五、六年前だったろうか、やはり山で電池切れになり、尾根道の途中で交換した記憶がよみがえった。うかつにもその後、新しい予備電池の補充を忘れていたのだ。

「写真、撮らないの?」

遅い私を心配してか、由木さんが戻ってきて訊く。

「……電池、切れました」

ため息交じりに私は答える。

「そこの売店に売ってない?」

「ああ、そうですね。でも、たぶん売ってないと思いますけど……」

そう言い残して、私は野菜や土産物を売る建物に入っていった。しかし、単三や単四形の電池はあるものの、やはりカメラ用の特殊な電池は置いていなかった。

いつもなら、前夜、荷造りするときにカメラにフィルムを入れておくのだが、雨かもしれない翌日の天候を考慮し、カメラを空のままザックに詰めたことを後悔した。昨夜《ゆうべ》フィルムを入れようとさえしていれば、そのときに気づき、来る途中の店で電池を調達することができたかもしれない。

「なかった？」

戻った私に由木さんが訊く。

「……ありません」

「どうする？」

「……いいです」

諦めるなら、いさぎよく諦めよう。湖を一周すれば電器店の一軒や二軒はあるだろうが、探し回っている時間の余裕もない。しきりと霧が巻く天候も、諦める気持ちを後押しした。

「私の分も撮っておいてください」

右手に小型カメラをぶら下げた由木さんに、私は頼んだ。

「ああ。山は撮ったから……」

由木さんは、対岸の山のことを言っているのである。

私が助手席に乗り込むと車は「道の駅」を出て、曲がりくねった湖岸の道を登山口へと走った。フロントガラスに落ちる雨粒もない。紅葉の山肌が前方に迫ってくる。

＊

由木さんは、かつておなじ山の会に所属していた。山へも何度か一緒に登った。奥秩父の金峰山、南アルプス前衛の千頭星山《せんとうぼし》……。あまり思い出せないということは、同行した山が数えるほどしかなかったということなのだろう。山へ行った回数よりも、飲みに行った記憶のほうが多いくらいだ。仕事の都合で退会したのが二十年ほど前。以来、年賀状のやり取りだけの付き合いだったが、一昨年、会の記念行事で再会した。

山の会創立三十周年の集いを催すことになり、退会したかつての会員にも案内状を郵送したのだが、出欠の返信さえくれない人が多かった中で、由木さんは、久しぶりに顔を見せてくれた数人のうちの一人だった。私の頭も白髪交じりになったが、由木さんの額も以前より後退しているように見えた。

宴席では懐かしい話に花が咲き、会わなかった歳月を感じさせないほど、すぐに当時と変わらぬやり取りができたことが嬉しかった。話の中で、由木さんが数年前から山歩きを再開していることも知った。散会後、あまり日を置かずに出したお礼の葉書の中に、私は「今度、一緒に山へ行きましょう」と、ひとこと書き添えておいた。

由木さんから山の誘いがあったのは半年前、今年の春のことである。二人で大月市の奥にある山を歩いた。由木さんは仕事でもマイカーを使って動き回っているとのことで、山へ行くのも車だった。途中の駅で待ち合わせて、登山口まで入る。便利な面もあるが、おなじ場所に戻ってこなければならないという不便さも併せ持っている。

「また行きましょう」という下山後の由木さんの言葉に、私は自分一人の山行計画を立てるときでも、おなじ登山口に戻る案を別に考えるようになった。

ふたたび由木さんから山歩きの話があったのは一週間前のことである。都合が合えば、という誘いは、運よく合致した。行先はどこでもよく、任せてくれると言う。

翌日の同時刻、今度は私から電話を入れた。

「御坂の十二ヶ岳はどうでしょう」

かねてから行きたかった山で、一周しておなじ登山口に戻ってくることもできる。私の提案に、由木さんも同意してくれた。しかし、天気予報は山行前日まで怪しいままだった。朝には雨はやむものの、晴れてくるのは午後から。たぶん、一人だったら中止にしていただろう。

待ち合わせの駅に着いて由木さんの車に乗り込んでも、時折りフロントガラスに雨が落ちてきた。

＊

河口湖西端の長浜集落で丁字路を左に折れ、車は山裾を進む。西湖と河口湖とを隔てる尾根に開いた文化洞トンネルの手前が登山口だった。砂利敷きの駐車場は登山者専用ではないらしく、一角には土木工事用のブルドーザーやユンボが野ざらしで置かれていた。そこの奥まった位置に車を停め、私たちは外に出た。

由木さんは運転用の靴から登山靴に履き替えている。

「カメラ、置いていっても大丈夫ですよね？」

車上荒らしがあるかもしれない。私は念を押すように訊いてから、白熊の絵が刺繍されたクッションの下にカメラを隠して、ザックを背負った。カメラがないだけなのに、背中の荷はいつもよりずいぶん軽く感じられた。

簡単な柔軟体操を済ませて歩きだそうとすると、また小粒の雨が落ちてきた。ザックのポケットから帽子を取り出し、傘代わりにかぶる。

「このあいだ山へ行ったときに帽子、飛ばされちゃったんだよ」

そう言う由木さんは、羽織ったウインドブレーカーが雨具代わりだ。

仕事が忙しかったので、私は五月以来、約半年ぶりの山歩きとなる。由木さんも七月に朝霧高原から天子山塊の毛無山に登ったあとは、四か月どこへも出かけていなかったと、走りながらの車中で話していた。

十時二十分、予定より二十分遅れでの出発。登り口に、〈中腹に熊が出ました〉という看板が立っていた。警戒心をあおるが、ある登山者が中腹で熊を見たというだけのことで、常にそこで熊が待ち構えているというわけではあるまい。けれど、足を止め、用心のために熊よけの鈴をザックに付ける。いつだったか、鈴には魔よけの霊力があると、なにかの本で読んだことがある。熊をよけ、災厄を払い、そして、霧も、雲も払ってほしい。天気予報どおり午後からでも晴れてくれなければ、出かけてきた甲斐がないというものだ。

トンネル上の尾根道を少し歩くと、太平洋戦争時にこの村から出征し、戦死した人たちのための忠魂碑が立っていた。林の中のひっそりとした場所で、いくつかの墓石も並んでいる。終戦から六十年以上たったが、いまだに地球上のどこかで紛争が絶えない。ここに眠る人たちがそれを知ったら、どう思うのだろうか。自分たちの死が無駄だったと悔いるのか、それとも、平和な日本を喜んでくれるのか……。

そんなこととは無縁のように、今、私たちは美しい日本の秋の山を歩いている。

アカマツが交じる雑木林の尾根道を登る。眺めはないが、久しぶりに山を歩く足には、ゆっくりと足元だけを見ながら登る歩調が合っている。山道の傍らには、トリカブトやリンドウが青紫色の花を咲かせていた。

地形図を見ると登山道は毛無山山頂まで直登するように付けられているが、コースはゆるやかで、平坦な尾根に出たと思えば下りもあり、息を切らすような急坂はなかった。アカマツの根元を眺め回してはマツタケを探したり、真っ赤なカエデの下で由木さん一人写真を撮ったりしながら登る。今日の私はカメラがないから、黄褐色の広葉樹林を眺め、瞼に焼き付ける。

「山を下りたら戦争が始まっていたらどうする？」

忠魂碑など見たせいか、前を歩きながら、由木さんが唐突に言った。

「……北朝鮮が甲府盆地を占領してたりして」

「そうしたら、山へ逃げましょう」

とりとめのない会話をしながら登る。しかし、紅葉を眺めながらの旅や山歩きができる平和を守るために、私は戦うかもしれない。痩身に銃を担ぐかもしれない。そうでなければ、かつて、若くして散った人たちに顔向けができない。

じきに長浜からのコースを合わせ、山道は枯れた草原の斜面を登るようになった。眺めも広がり、眼下に河口湖が見下ろせた。湖の上を霧のかたまりが流れている。湖より上だが、私たちがいる場所よりは低い。視線を上げると、ここよりも低い足和田山の頂が霧に包まれている。その先に見えるはずの富士山も、厚い雲の中だった。雨こそ降っていないが、かといって天候が回復する気配も感じられなかった。そろそろ山頂も近いはずである。久しぶりの登山に、足がぱんぱんに張っているのが分かった。

夏にはお花畑になるという草原のつづら折りを繰り返すと、間もなく毛無山山頂に登り着いた。好展望の山頂のはずだが、あいにくの天候ではそれを確かめることもできない。河口湖の湖面を、白い航跡を引いて、一艘のモーターボートが疾走していた。隣りの西湖も半分が見える。遠く、山中湖も見えていた。だが、富士も、予報では天気がいいはずの甲府盆地側も、やはり暗い雲におおわれていた。

十二時過ぎ、先へ進んでも眺めが開けそうにもないので、ここで昼食休憩にする。石に腰を下ろして弁当を広げていると、また小雨が落ちてきた。背中を丸め、雨が弁当にかからないようにしながら、箸を運ぶ。今日は一日こんな天気なのかもしれない。

「これはナナカマド？」

目の前の草原に赤い実を付けた灌木が生えている。弁当を食べながら、由木さんが訊いた。

「いえ、違いますね。でも、なにかは分かりません」

私も同行者に教えてもらいながら、山に咲く花の名前を覚えた。ナナカマドやガマズミなど、赤い実を付ける木もいくつかは覚えたつもりだが、木は花よりもむずかしい。一度聞いても次に目にしたときには忘れている、ということも多かった。

十二時四十分、予定より二十分遅れで毛無山を発つ。雨は一時的なものらしく、歩きだすときにはやんでいた。

縦走路を西へ向かうと、枝先に薄桃色の小さな実を垂らした低木があった。人の背丈よりも高いが、実を付けた枝がちょうど目の高さにある。

「これはマユミっていう木です」

足を止めて由木さんに説明する。近年名前を覚えた木の一つだが、実のない季節に見たら分からないかもしれない。

「……マユミ？　へえ〜」

「はい。『ナオミ』でも、『カオル』でもありませんよ」

「ハハハ、なんだかナオミって覚えちゃいそうだなあ」

女名前で思い出した。歩きながら、私がつづける。

「毛無山って、各地にありますよねえ……」

「え？　ああ、そうだね。このあいだ行ったのも毛無山だよ」

由木さんが言っているのは、朝霧高原の西にある毛無山のことである。

「……見向きもしてくれない女性のことを『毛無山』って言うの、知ってます？」

「へえ〜、聞いたことないなあ」

「毛無山は山頂に木がないですから、『木がない』、『気がない』ってね……」

「ああそう〜。座布団一枚！」

頭から抜けるような声で、由木さんが中空に向かって叫ぶ。

少し歩くと、稜線の一角に〈一ヶ岳〉と書かれた縦長の白いプレートが立っていた。ガイドブックによれば、十二ヶ岳までつづく峰々に一から順に山名がついているらしかったが、山頂と呼ぶにはいささか物足りない、稜線上の小さなコブのような場所だった。

「由木さん、写真撮っておいてください」

私が頼むと、

「一ヶ岳から全部撮るの？　ああ、それも面白いね」

と言いながら、山名標識にカメラを向けてシャッターを切った。〈二ヶ岳〉、〈三ヶ岳〉と山道の脇に標識が立っていたが、やはり山頂らしさはなかった。

〈四ヶ岳〉に出ると、ふいに目の前の展望が開けた。これから辿る岩稜と、その奥に聳える十二ヶ岳が、指呼の間に見える。山頂から西湖へ落ちる尾根は落葉樹の紅葉におおわれている。尾根を目でなぞれば、傾斜は上にいくほど急になり、鋭角の険しい頂で尽きていた。その手前の山腹を、相変わらず霧が現れては消え、稜線を越えて流れている。山肌の紅葉には、晴れた日に見せる華やかさこそないものの、しっとりと霧に濡れた風情が落ち着いた趣をかもし出していた。

「紅葉には霧が似合いますね……」

私は、ひとりごとのようにつぶやいた。それは負け惜しみではなかった。

四ヶ岳はこれまでの平凡な峰とは異なり、露岩の目立つ顕著なピークだった。休憩するなら毛無山よりもここまで足を延ばしたいと思わせる場所だったが、長居はできない。

四ヶ岳を発つと、山道は岩がちになった。ロープに頼りながら下り、滑落や落石に気をつけて稜線を進む。

「これから〈五ヶ岳〉〈六ヶ岳〉って、みんな標識が立ってるのかなあ」

登降を繰り返しながら、由木さんが言う。

「……と、いうことは、もうじき〈八《やつ》ヶ岳〉ですね」

危険のなさそうな場所で、私が返す。本来は〈八《はち》ヶ岳〉だろう。

それを聞いて、由木さんの若かりし頃の話になった。

「……昔さあ、八ヶ岳を縦走したとき、一緒に行った友だちに自慢げに言ったことがあるんだよ。『八ヶ岳に八ヶ岳というピークはありません！』って。でも、これから八ヶ岳かあ」

「もしかしたら、〈八《やつ》ヶ岳〉の次は〈蓼科山〉かもしれませんよ」

「まさか……」

今度は座布団はもらえなかった。

〈七ヶ岳〉、〈八《はち》ヶ岳〉と、由木さんは標識を写真に撮ってくれる。〈八ヶ岳〉を過ぎると、下り切った鞍部に〈九ヶ岳〉の標識が立っていた。もちろん〈蓼科山〉ではない。

「ここが〈九ヶ岳〉？　なんでここが山頂なの？」

たがいに疑問をかかえたまま、大岩の基部を巻く道を進む。十二ヶ岳までの適当な位置に標識を立て、単に帳尻合わせをしているようにも思える。だが、南面の巻道を歩きながら岩壁を仰ぎ見て、私は言った。

「この岩のてっぺんが〈九ヶ岳〉なんじゃないでしょうか」

「そうか、登れないから標識が下に立っているのか……」

由木さんも納得してくれたようだ。

下り切ると、また別の大岩の基部を、今度は北側に巻いて次の鞍部に出た。暗い岩蔭に〈十ヶ岳〉の標識が立っている。ここも険しくて、てっぺんに登れないのだろう。そのことが、徐々に十二ヶ岳の核心部に入ってきたことを実感させた。

急坂を登り切ると〈十一ヶ岳〉の頂上で、目の前に大きく十二ヶ岳が現れた。山肌の中央に、雨でうがたれたような一直線の縦の筋が見える。道なのか崖崩れの跡なのか、よく分からない。

「まさか、あれを直登するんじゃないだろうね……」

由木さんがつぶやく。

「いやあ、林の中に道が付いているんですよ」

そんな気がして、私は軽く応えた。

毛無山から十二ヶ岳までのコースタイムは一時間半だが、ここまで一時間の歩行で、距離にすればもう五分の四まで来ている。このペースでいけば、最後の上りに三十分もかかるとは思えなかった。

太いロープが付けられた岩場を、由木さんが先に下る。由木さんの手がロープから放れたことを確認して、私がつづく。ロープを頼りに後ろ向きで下りようと思ったが、前向きの方が下りやすかった。ここのロープは、登る人のためにあるようだ。

下り切った場所はキレット状の岩の狭隘部で、金属製の短い吊橋が架けられていた。

〈一人ずつ渡ること〉

標識に言われなくても、二人で渡る気になどなれない。ゆらゆら揺れながら、まず由木さんが通過する。つづいて私が渡る。足を置いた板が傾いており、両手は左右のワイヤーから放せなかった。

いよいよ十二ヶ岳への最後の上りである。見上げる岩場の両側に、鎖とロープが下がっている。「まさか」と案じていた直登が、やはりルートだった。由木さんが途中まで登り切ったことを見届けてから、私が登り始める。直登は急だが、その分、高度はぐんぐん稼げる。途中の岩に立って振り返ると、歩いてきた稜線の険しさが分かった。

「いやあ、この山、面白いですねえ」

少し興奮ぎみに私は言った。

急峻な岩場があったり、足元の危うい痩せ尾根があったりしたほうが、安全な縦走路を辿るよりも、気持ちが高ぶる。眺めのいい岩稜は、晴れていれば爽快ですらあっただろう。

「うん、面白い。……さすが〝男の子〟だね」

由木さんが同調しながらも茶化す。

そうだ、〝男の子〟なのだ。山を登りながら男坂と女坂が分かれているような場所では、迷わず男坂を登る。だから、戦が起これば、非力な私でも、たぶん銃を手にすることだろう。

鎖に頼って腕力で登る岩。三点支持を確かめながら狭いホールドに立つ岩。岩場を登り切れば山頂だと思っていたが、そこは林の中の小平地で、西湖へ下る道が分かれていた。十二ヶ岳の頂上は、さらに稜線を進んだ先にあった。

二時二十分。三十分もかかるまいと甘く見ていた最後の上りに、四十分かかってしまったことになる。頂上到着は、この頂上を出発する予定の時刻だった。だからといって、早々に立ち去ってしまうのも、後々の心残りとなろう。

さして広くもない頂上に、石の祠と鉄の祠、〈山梨百名山〉の標柱が立っていた。ザックを下ろし、露岩に腰かける。晴れていれば南には富士が、西には南アルプスが見渡せるはずだったが、相変わらずの雲と霧にさえぎられ、視界はなかった。というよりも、歩きながらすでに心の中では眺望は諦めていた。

二時四十分。小休止のあと、下山を開始する。分岐まで戻り、西湖畔へ向けて下る。ここからは秋の山歩きの宿命、日没との競争である。

新聞の片隅に、翌日の月齢や潮の干満時刻とともに、日の出、日の入りの時刻が載っている。昨日の朝刊で見た日の入り時刻は、午後四時四十六分だった。暗くなるのはそれからだろうが、余裕をもって下山したい。

山行計画を立てたときには、およその日没時刻から逆算して出発時刻を決め、時間を気にしながら歩いてきた。だが、歩きだしの遅れを取り戻せないまま、ここまで引きずってきてしまった。コースタイムでは麓まで一時間四十分。休憩時間を加えても四時半には下山できそうだが、途中、なにが起きるかは予測できない。

下り始めはロープのある急坂だったが、ほどなく歩きやすい道に変わる。林床に小笹が広がるミズナラ林は黄褐色に色づき、私たちの足をしばしば止めさせた。眺めのよさそうな大岩を横切るところでは、晴れていたら日向ぼっこをしたいと思った。

足元に気を配っていた目をふと上げたときである。空をおおっていた雲が薄くなり、灌木の頭越しに富士山が顔をのぞかせた。山頂の一部だが、斜めに走る雪の線は、明らかに雲とは区別できた。

「由木さん、富士山が見えます！」

声をかけると、数歩先を下っていた由木さんが登り返してきた。「おお～」と言いながらカメラを構え、写真を撮る。だが、一枚撮ると、自動的にフィルムを巻き上げる機械音がカメラからもれ聞こえてきた。

「あ、フィルム終わっちゃったよ……」

それでも富士が見えたことに満足そうだった。

「これでなくっちゃ。なんとか見えたねえ」

それからは由木さんも山道に向けていた顔を時折り上げながら下っていた。時間を気にしながら、前方の雲の動きにも目を配る。

「あ、見えるよ！」

今度は、由木さんが先に見つけた。追いついた私が並んで見つめる先に、ぽっかりと雲の窓が開き、富士山が一目でそれと分かる台形の山頂部を見せていた。

「ああ、でも、フィルム終わっちゃったしなあ……」

由木さんのつぶやきを聞きながら、私は自分の言動を指摘されたような気がした。

〈一ヶ岳〉から始まる十二の山名標識を撮ってほしい、などと求めなければ、フィルムは余っていたはずである。車に置いてきてしまったカメラを、私が骨惜しみせずに持ってきてさえいれば、フィルムを譲ることだってできたはずである。

「でも、富士山が見られてよかった……」

それは私に対する気遣いではなく、由木さんの本心らしかった。

小さな沢を渡り、山腹に峨々たる岩壁を仰ぎ見て下ると、道はゆるやかな林間を辿るようになった。険しかった稜線の印象は、ここにはない。今日の山旅の終章を静かに締めくくるような、おだやかな下り道である。

「面白い山だったなあ……。霧でも来てよかったよ」

早くも由木さんが一日を振り返る。

「この先、暮れにかけては山へ行けそうもないし。来なかったら、今年の秋はどこへも登れなかったって、たぶん後悔してたな……。本当は一泊で四阿山《あずまや》へ行きたかったんだけど、連休がとれなくって……」

春に大月の奥山を一緒に歩いたときにも、四阿山へ行きたいという話は聞いた。

「あの山は上田から入るんだったよねえ？」

「そうですね。最近はゴンドラができて群馬県側から登る人も増えてるらしいですけど、菅平から登るのが一般的ですね」

「上田のあたりにある、なんて言ったかな……ああ、『沈黙館』って知ってる？」

「……『無言館』ですか？」

「あ、そうそう『無言館』だ。戦没画学生の絵を集めてる……。あれは上田にあるんだよねえ」

「上田ですけど、市街からは少し外れた塩田平っていうところだったと思います」

「……そこにも立ち寄ってみたいんだよね」

由木さんに絵の趣味があるとは、これまで知らなかった。あるいは、訪ねたい別の理由があるのかもしれない。

「私も前々から行ってみたいと思ってるんですけど、なかなか行けませんね」

私の言葉に、だが、由木さんは「一緒に行こうか」とは言ってくれなかった。

無言館の近くには、信濃デッサン館という美術館もある。こちらは夭折した画家たちのデッサンや水彩画を展示していると、なにかの本で読んだ記憶がある。

どちらにも行ってみたいと思っていた。けれど、なぜ行ってみたいのか、はっきりした理由は思い浮かばない。

私には、絵や文章が好きで、二十九で病没した叔父がいた。幼い頃の記憶しかないが、部屋には古い油絵が飾られ、書棚には文学全集などがびっしりと並んでいた。私も成人して絵や作文を趣味とするようになったが、部屋でひとり文章などを書いていると、ふと叔父が私の体を借りて夢をかなえているのではないか、と思うことがある。その叔父が「行ってきなさい」と耳元で勧めているのかもしれなかった。

しだいに暮れていく空を背景に、林を彩る黄褐色や赤茶色の紅葉が、寂しげな水彩画のようだった。

麓が近づいてきたのか、林越しに無色の西湖が見えてくる。道なりに下れば湖畔の集落で、車道を歩いて文化洞トンネルへ戻ることができる。だが、登山地図には、湖畔に出る直前で山裾を巻きながらトンネル方面へ向かうコースも記載されている。若干、近道になりそうで、分岐まで来て迷った。計画時には明るい車道を歩いたほうが安全だろうと考えていたが、トラックでも多く走っていればかえって危ないかもしれない。

「山道を行こうよ」

そう言って、由木さんは巻道へと足を進めた。日もだいぶ傾いてきたらしく、林間の道は仄暗かった。歩いていると、日が差し込んでいるような気がして、空を仰いだ。だが、晴れてきたのではなかった。外よりも林の中が暗いせいで、曇り空の灰白色《かいはく》を日差しと錯覚しているだけだった。いわゆる木下闇《こした》なのだ。

巻道はずっと水平で、山肌を等高線に沿うようにつづいている。途中、路傍の笹薮の中に〈通学路〉と書かれた標識が立っていた。こんな山道が〈通学路〉とは、どういうことなのだろう。二人で顔を見合わせた。

「下の車道を歩くより危ないんじゃないの？」

由木さんの言うとおりだと思った。

山行計画を立てているときに読んだ本には、たしかこう書かれていた。大雨で西湖が溢れ、湖畔の道路が冠水したときのために、高い位置に迂回ルートが付けられている……と。それが〈通学路〉だったのである。由木さんに伝えながら、私にも疑問がわいてきた。

「そんな災害の日でも、学校へ行かなければいけないんでしょうか……」

昔のことなのか、今も使われている道なのか、そこまでは本には記されていなかった。

巻道にはところどころ崩れやすい場所があり、薄暗さが増した中での歩きは気を揉んだ。なかなか里へ出ない道に、焦燥感さえわいてくる。だが、膝の痛みを感じるようにもなり、由木さんとの間隔は徐々に開き始めていた。薄暗い道の前方を行く背中が、しだいに識別しにくくなる。

すると、ぼうっと子どもたちの後ろ姿が現れ、由木さんに付き従うように歩き始めた。男の子ばかり五、六人で、その幻影は学帽をかぶり、痩せ細った体に保護色のような薄汚れた枯草色の服を着ている。下は半ズボンで、なぜか皆、肩に銃を担いでいるのだった。

笑い声も聞こえる。つらく、哀しく、ひもじいはずなのに、背筋をぴんと伸ばし、膝を直角に上げて、意気揚々と行進していく。最後尾の男の子が振り返り、「こっちこっち」と言うように手招きしながら私を誘った。

小さな尾根を回り込むと山道は下り坂になり、西湖東端の集落に下り立った。林間の暗さから解放された目には、夕暮れの空がやけに明るく感じられた。

「暗くなる前に下りてこられたねえ」

安堵したように話す由木さんのまわりに、子どもたちの姿はなかった。

湖畔の車道へ出ずに、私たちは集落内の小道をトンネルへと向かう。廃屋のような家。採り残された柿の実。見上げれば人家の背後に、歩いてきた稜線が望まれた。十二ヶ岳手前のキレットが、くさびで打たれたような険峻な地形を見せている。仙人とは、ああいったところに棲んでいるのだろう。地元では鋸岳と呼ぶという理由も、よく分かった。

途中、行きがけに見た忠魂碑へ上がる山道を分けて、広い車道に出た。トンネルに入る手前で振り返ると、空はやはり一面の雲におおわれたままだったが、その向こうに広がっているであろう夕映えが見えるような気がした。

トンネルを抜けて、四時四十分、駐車場に戻る。なんとか日没前に下山できたが、少しでもどこかでのんびりしていたら、懐中電灯で足元を照らしながらの山道になっていたことだろう。

後部座席のドアを開けると、クッションの下から留守番のカメラが顔をのぞかせた。カメラをザックに納め、ズボンの汚れや枯葉を手で払い落としてから、私は助手席に乗り込んだ。由木さんがハンドルを握り、車は山裾の道を滑るように走った。湖岸の道に出て気づくと、外はもう夜の暗さである。

「今朝の『道の駅』に寄ってもいいかなあ」

運転席で由木さんがつぶやく。

「女房に野菜買ってってやろうと思ってさあ……」

「あ、私もちょっと土産物を見たいです」

日帰りの山歩きでも、最近は私も下山後に家族になにか買って帰るようになった。

「まだ、開いてるよねえ」

「たぶん、やってますよ」

応えながら横の窓から外を見ると、対岸の山は黒いシルエットになり、暗い湖面は街灯りをきらきらと映していた。

# 鼻唄

紅葉にはまだ早い山々が、列車を降りた私たちの目の前に、仰ぎ見る高さで連なっていた。鳩ノ巣渓谷の流れは見えないが、谷底からそそり立つ急峻な尾根や山肌は、今日の登山が楽ではないことを暗示している。それでも、山あいのこの駅に降り立つと、いつもなぜかほっとする。気がつかない程度のささいな変化はあるのだろうが、変わっていないことに安心するのである。渓谷の川音は耳に届かないけれど、聞こえているような錯覚をさせる静けさに、心が和むのである。

狭い駅前広場の一角に、揃いの作業服にザックを背負った五、六人の男たちがいた。なにやら道具のようなものが傍らに置いてある。山道や指導標の補修でもするのだろうか。興味にかられ、声をかけて訊いてみたいと思ったが、トイレから出てきた仲間がそそくさと歩き始めたのにせかされ、私もあわててザックを背負い、あとにつづいた。

駅横の踏切を渡り、山の斜面に家々が寄り添う集落内の小道を上がっていく。老人でなくても背中を丸めたくなるような急坂で、すぐに民家の屋根が足下になる。

最奥の家の脇に、本仁田山《ほにた》を指し示した小さな指導標が立っている。山道は民家の裏側に、屋根よりも高い土手上の細道でつづいていた。

「ほら、猫……」

先頭のゆかりさんが、その家を見下ろしながら歩みを止めた。

赤いトタン屋根の端に茶虎の猫がちょこんと座り、背中をなめている。

「おい、ネコ！」

二番目を歩いていた矢野さんが気を引こうとしたが、振り向きもしない。紺野が笑いながら猫にカメラを向け、シャッターを切った。

「さ、行きましょう！」

最後尾から今度は私がせかす。登り始めからのんびりしていても仕方がない。

*

今日の山行は、本仁田山が二度目だということで、私が幹事兼リーダーを任されてしまった。本仁田山は標高一二二五メートル。奥多摩駅の背後に聳え、駅から駅へと歩けるためにアプローチが至便で、登りやすい。ほかの三人も登っているのだろうが、世の常で、役は言い出しっぺに回ってくる。

私がかつて訪れたのは、もう二十年以上前、二十代半ばの頃である。その頃、奥多摩の山に足繁く通っていた。ひととおり歩いてからは、再訪する山もあったが、ほかの山域に足が向き、しばらくは縁がなかった。

それが、今年の夏休みのことである。小学六年になる甥っ子に釣りがしたいとせがまれて、秋川の中流を訪れた。そのとき、竿を手にして川べりの堤防を歩きながら、奥多摩の山川の良さが思い出されたのである。川面に揺れる浮子《うき》を見つめながら、静閑な境地にさまよった。ここには騒音はない。瀬音に交じって聞こえてくるのは、人々の営みが発する生活の息遣いである。広々とした山や険しい山もいいが、暮らしに隣り合うおだやかな山には、懐かしい温かみがある。こんなところへ、また山歩きにも来たいと思った。

山の会の集会で本仁田山を提案すると、すんなりと十月の山行に決まってしまった。

前回、一人で訪れたときには、奥多摩駅から登り、鳩ノ巣駅へ下るコースをとった。確かに上りは急だった記憶がある。そのせいだけではないが、今回は逆コースを設定した。地形図を見ると、山の斜面を辿ったあとは、なだらかな尾根道がつづくように見える。上りの距離は長くなるが、その分、傾斜はゆるやかで、のんびり歩けるのではないかと思った。

*

人家が見えなくなり、ひとしきり杉林の中を辿ると、日向の斜面に出た。いまだ濃い夏草が、山道におおいかぶさるように茂っている。草の中には白や黄色、薄紫色の花が咲いている。草は夏の姿だが、花はもう秋のものだろう。けれど、今日は花に詳しい人が参加していないので、その名前が分からない。

ふたたび杉林に入り、歩みを進める。

「さっきの猫は、山への招き猫でしょうか」

「……はん」

矢野さんの問いかけに、ゆかりさんが素っ気ない返事をする。朝、列車内で会ったときから、なんとなく沈んだ雰囲気だった。口数も少なく、快調なときにはいつも歩きながら口ずさんでいる鼻唄も、今日は聞こえてこない。ただし、ゆかりさんの鼻唄は唱歌なのかクラシックなのか、曲名は分からない。演歌ではなさそうだが……。

駅から五十分。一汗かく頃、山道は杉林の斜面から尾根に出て、〈大根ノ山ノ神〉と呼ばれる、川苔山《かわのり》との分岐に着いた。谷側から上がってきた林道が、ここで終わっている。日当たりのよい広場になっており、腰を下ろせる丸太もあるので、最初の休憩をとる。

暑さを覚えた私はザックを下ろし、シャツの袖をたくし上げる。かぶっていた帽子を扇子代わりにしてあおぎ、首筋に風を送る。

ゆかりさんも「暑いわ」と言いながらベストを脱ぎ、長袖のTシャツ姿になった。小ぶりだが形のいい胸が、薄い布地を隆起させている。

「今日はちょっと調子が出なくって……」

丸めたベストを手に握ったまま、下を向いて誰にともなくつぶやいた。

「欠席しようと思ったんだけど、しばらく山歩きしてなかったから、来たかったし……」

「大丈夫ですか？」

矢野さんが口を挟む。

「……ダメだったら、途中で戻っていいかしら」

「ま、戻ったっていいですけど、様子をみながら、ゆっくり行きましょうよ」

私が励ましにもならない返事をする。男三人では色気も華もない。

「ごめんね。仕事が忙しかったせいかな……ちょっと疲れてるのかも」

ゆかりさんは笑みを作りながら顔を上げた。ゆっくり登れば、なんとかなるだろう。

一緒に列車を降りた初老の夫婦連れが、前方に見える本仁田山への尾根道を登っていた。後ろを歩いていた若いカップルが広場に到着すると、こちらを一瞥しただけで、川苔山へ向かう道を進んでいった。

薄着になった我々も腰を上げ、夫婦連れを追うように本仁田山へつづく尾根道に足を進める。晩夏の名残りを思わせる日射しに、あの猫も、もう軒下の日蔭へ身を移したことだろう。

歩いていると、先頭を行くゆかりさんの歩調が、やはりいつもと違うことが分かった。ほんの少し急な坂になっただけで、後続の三人が詰まってしまうのである。頂上までは、まだ一時間半ほど。通常、このコースタイムなら休憩はあと一回でいいだろうが、今日は三十分ごとに二回休みをとったほうがいいかもしれない。

背後の渋滞を察したのか、ゆかりさんが足を止めて振り向いた。

「矢野さん、トップ替わってくれませんか？」

「いや、いいですよ。ゆかりさんのペースでちょうどいいですから。……それに、ゆかりさんのバックシャンを見ながら歩きたいですからね」

あながち御世辞でもなさそうだ。子どもがいないせいか、顔立ちも体形も、五十には見えない。三十代後半と言っても通用するだろう。今日の細身の登山パンツも似合っている。

「バックシャンなんて、もう死語ですよ」

ゆかりさんが諭すように言うと、矢野さんは一瞬おどろきながらも、話を返した。

「え、そうですか？　……でも、ゆかりさんの後ろ姿は私の中では〝日本の背中百選〟に入っているんですけどねえ」

「なんですかそれ。そんな〝百選〟があるんですか？」

「いや、私が勝手に決めただけですけど……」

「でも、嬉しいです」

そう言って、また先頭のまま歩き始めた。しかし、ゆかりさんに元気が戻った様子は見受けられない。

私は時折り腕時計に目をやりながら、休憩の頃合いを見計らっていた。展望が開ける場所もないので、四十分ほど歩き、杉林が広葉樹の林に変わったところで、二度目の休憩を告げた。山道から少しはずれた平坦地にザックを下ろす。やや黄色みを帯びた葉の木々はあるものの、紅葉と呼ぶにはまだ早い。

矢野さんがみんなにレモン飴を配ってくれる。口の中で転がしていると、ふいに紺野が意外なことを言いだした。

「ちょっと膝が痛くなってきた。俺もダメかもしんない」

片手で左足の膝頭をさすっている。

「なあに、大丈夫？」

今度はゆかりさんが心配する。

訊けば、九月に行った谷川岳で膝痛が出たとのこと。

「西黒尾根を下ったんだけど、そこで痛めた」

紺野は私と同世代だが、二十代の一時期、尖鋭的な山岳会にも所属していた。辞めた理由は知らないが、そのときにはマッターホルンにも登ったと聞いている。それこそ矢野さんの言う〝百選〟に相応しい、たくましい後ろ姿である。奥多摩の山などで弱音をはくような男ではない。

「ま、今日は〝怪我人続出〟ということで、〝のんびり・ゆっくりハイキング〟に致しましょう」

話しながら、私は、かつての自分のことを思い起こしていた。二十代後半の頃である。毎年、冬になると何回となくスキーに出かけていた。ターンなどで膝を使う。そのせいか、山歩きでたびたび膝が痛くなった。スキーに行かなくなってからは、山で膝が痛くなることはなくなった。けれど、今でも長時間のコースなどでは時折り痛みが出ることもあり、常に用心し、不安をかかえながら歩いていることに変わりはない。

ふつう、膝痛は下山時に出ることが多い。もう少しで里に出る、という場合なら精神的にも楽だが、まだ山頂手前で、これから痛みがきつくなる下りが待っている。紺野のことは心配だが、大事に至らぬよう祈るしかない。

山の斜面をしばらく辿ると、顕著な尾根に出た。道の両側が刈り払われた広い防火帯になっており、眺望が開ける。馬の背状の明るい草尾根から、初めて本仁田山の頂が見えた。北方には双耳峰の川苔山も望める。当初、今日は川苔山にしようかとも考えたが、本調子でない者二名をかかえた今、結果的に本仁田山で正解だったと思う。川苔山だったら、上り下り、それぞれ一時間以上も余計に歩かなければならなかった。

足元の草地には、リンドウに似た、白い小さな花がたくさん咲いている。

「これって、センブリ？」

ゆかりさんが腰をかがめて花を覗き込む。

「あ、たぶんそうですね」

「センブリって、聞いたことある」

「うん、そんな気がする」

花オンチばかりでも、全員がそうだろうと言えば、間違いはない。

じきに目の前に岩がちな急坂が現れ、登り切ると、川苔山と本仁田山を結ぶ縦走路に出た。瘤高山《こぶたか》と呼ばれる小ピークだが、狭い山道の脇に露岩があるだけで、山頂という雰囲気はない。誰ともなくザックを下ろし、小休止になった。

振り返ると、登ってきた防火帯が延びた先には青い山並みが低く重なり、その向こうには平野部が白く霞んでいた。

こんなところを歩いただろうか……。

私は初めて来たときの記憶を探っていた。だが、防火帯を歩いたことも、こんな急坂があったことも、すっかり忘れている。そのはずだ。もう、二十年以上経っているのだから。それに、あのときは冬で、一面の雪だった。雪の二月と十月とでは景色も変わる。その代わり、憶えていないことで、かえって初めて来た山のような、新鮮な気持ちで歩くことができた。

「調子、どうですか？」

うつむいて坂を見下ろしているゆかりさんに声をかける。

「あ、まあまあってとこね」

「ここまで来たら……」

「もう、戻れないわね」

「……いや、頂上まであと二十分くらいですから」

「あら、そう。頑張ったわね、わたし」

「はい、頑張りました。もうちょっと頑張りましょう……じゃなかった、のんびり行きましょう」

山の木々は、猛暑の夏をやり過ごした安堵感をただよわせている。風も日射しも、もう夏に戻ることはない。

「紺野さん、膝はどう？」

ゆかりさんが沈んだ声ながらも、紺野を気遣う。

「え？　ちと痛い。ダメかもしんない」

「ダメなんて言わないでよ。私がバテたら誰が背負ってくれるの？」

「誰も背負えません。みんなで野宿」

「いいなあ～。山頂で街の灯《ひ》を見ながら野宿」

矢野さんが気楽なことを言っている。でも、それも楽しそうだ。

川苔山方面から単独行の青年が現れ、防火帯の道を下るのかと思っていると、私たちの背後を通り過ぎ、本仁田山へ向けて軽快に歩いていった。かつての紺野や、自分の姿を見るようだった。紺野と川苔山に登ったのは、三十代初めの頃だったろうか。

ここからは雑木林の中になだらかな道がつづいている。あざやかな紅葉でもあれば登行の励みになり、不調二名の気もまぎれるのだろうが、今は頭上を見上げて想像するしかない。

ほどなく先頭が頂稜の一角に登り着いた。

「もう頂上よ。紺野さん、ガンバ！」

見下ろすゆかりさんを、私が紺野の肩越しに下から茶化す。

「あ、ガンバなんて、それももう死語ですよ～」

十二時ちょうど。予定より二十分ほど遅れたが、本仁田山の山頂に到着した。そこは、記憶していたほど広くはなかった。手で雪を払って腰かけた木のベンチもすでにない。林に囲まれていたはずだが、南東側が開けており、眺めもあった。その斜面に七、八組の登山者が腰を下ろし、昼の休憩を楽しんでいた。

我々も空《あ》いた場所を見つけて腰を下ろす。それぞれザックからおにぎりや弁当を出して昼食。ともあれ、ゆかりさんも紺野も無事に登頂できて、まずは一安心である。

一組が下山すると新たに別のグループが登り着き、山頂の賑わいは絶えなかった。食事を終えると、紺野がカメラを近くにいた登山者に渡し、山名標識を入れて四人での記念写真を撮ってもらった。

「そろそろ行きましょうか」

三十分ほどの休憩だったが、一人の中年男性がラジオで競馬中継を聞いているのが耳障りで、私は早く山頂を去りたかった。〝のんびり・ゆっくりハイキング〟には反するが、下る途中に気持ちのいい場所があれば、そこでのんびりすればいいのである。

荷物をまとめ、ザックを背負って下り始める。

「ゆかりさ〜ん、ゆっくりでいいですからね〜」

先頭に声をかけると、紺野が足を止めてつぶやいた。

「俺、最後でいいよ。自分のペースで歩きたいから……」

痛む膝が気になるのだろう。ラストを交替し、奥多摩駅へ向けて下山路を辿る。五分ほどで鳩ノ巣駅へ下る花折戸尾根の分岐に着いた。あたりの広葉樹が美しい林相を見せている。新緑や紅葉の時季なら、山頂よりもここで昼休みをとりたいくらいだ。

「やっぱり山はいいわねえ～」

ゆかりさんの声が聞こえる。岩や木の根でできた大きい段差では歩みは遅くなるが、なだらかな道では快調のようだ。紺野を振り返ると、段差を難なく下りていた。

杉林に変わると、山道はつづら折りを繰り返す。上りとは打って変わって、間伐された杉林で明るい。

「〽フンフフフ～ン、フンフフ、フ～ン」

ゆかりさんの鼻唄が聞こえてきた。もう下るだけなので、気持ちが軽くなったようだ。聞き覚えのある節だが、曲名を思い出せないのが、もどかしい。

下りつづけた山道が尾根をはずれるところが、その名も〈大休場《おおやすんば》〉という地点。昔、山仕事の人たちが一服した場所なのだろう。我々も、ここで下りで一度だけの休憩をとった。

「体調、よくなったようですね」

矢野さんが声をかけると、ゆかりさんが翳りのない笑顔を見せた。

「お昼を食べたら、元気になったみたい」

「なんだよ、子どもみたいじゃん！」

紺野があきれたように言う。

「あ、ううん。みんなにゆっくり歩いてもらったから、おかげで調子が戻ったみたい」

「ま、よかったです。あとは紺野の膝の具合だけだな」

私が言うと、紺野は苦笑いしながら膝をさすっていた。

ここからは山の斜面を下る。相変わらずの杉林で、時折り山道が日向に出ると、やはり草むらの中に秋の花が点々と顔をのぞかせていた。

沢音が徐々に大きくなり、山道は安寺沢《あてらさわ》の集落に出た。集落といっても、人家は二、三軒しか見当たらない。沢沿いの小道を辿り、ワサビ田の脇を下ると、舗装された林道に出た。

ワサビ田の石垣から幾筋もの清冽な水が流れ落ち、車道を濡らしている。石垣に手を伸ばして、紺野と私は手を洗う。その間に、前の二人は先行した。ハンカチで手を拭いながら追う。林道が山を回るようにカーブしたところでは二人の姿は消えるが、直線になると、ふたたび姿を現す。行き着くところは分かっているので、あわてることもない。

「膝、どう？」

下山したのだから心配も無用だろうが、歩きながら紺野に訊いてみた。

「ん？　嘘だよ……」

「……？」

「嘘。ちょっと言ってみただけ」

前を見つめたまま、紺野は平然と応えた。

「なんだよ、嘘って」

「こんな話、聞いたことない？」

「……」

「パーティーの中の誰か一人がバテると、ほかの人はバテなくなる、って」

「いや、知らない。そうなの？」

「その人を心配して、ほかの人は気を引き締めるのかもしれない。それで、バテなくなる……らしいよ」

「へえ～。『スケープゴート』みたいなもんか」

「ん？　ちょっと違うと思うけど……」

前方を行くゆかりさんが、時折り振り返りながら歩いている。

「それを、ちょっと試してみた。……ゆかりさん、元気になったじゃん」

「まあ、そうだけど。腹へってただけなんじゃないの？」

「さあ？　でも、効果があったってことで……」

「まあ、そうだな。そういうことにしておくか。あ、じゃあ、膝をさすってたのは？」

「……お芝居で～す」

林道に、トツ、トツ、トツ、トツ、と山靴の音が響く。その中に、ザリッ、ザリッという小さな音が交じる。靴底の窪みに挟まった小石が、路面にこすれているのだ。

紺野は「試した」などと言っていたが、ゆかりさんをなんとかしてあげたいと思ってのことだろう。

紺野の奴、いいところあるじゃないか……。

「わかもの～、早く来なさ～い」

道の先で、ゆかりさんが叫んでいた。

# 山の声

三国山《みくに》という名の山は各地にあるが、これから向かうのは丹沢の西のはずれ、甲斐・駿河・相模の三国境《さんごくざかい》に位置する三国山である。東の三国山から最高峰の大洞山《おおぼら》を経て西端の立山《たちやま》へつづくなだらかな稜線は、古くから三国山稜と呼ばれている。単に三国山の名を冠しただけのか、三国境に連なることに由来するのかは知る由もないが、「三国尾根」とせず、「山稜」と命名したところに、かつて丹沢の山々を開拓した岳人たちの心意気が息づいているように思う。そこは、丹沢というよりも、もう広大な富士の裾野の一端である——。

午前九時過ぎ、御殿場線の松田駅前で、路地の日だまりに立って仲間を待っていると、小田急線の駅を出て、ゆかりさんがやってきた。おなじ電車に乗っていたらしく、やや遅れて矢野さんと戸村さんも姿を見せた。あとは幹事の紺野だけだが、私が駅前に着いたとき、ザックを背負って改札を入っていく後ろ姿をちらっと見たような気がした。

とりあえず予定の列車に乗らなければならないので、我々も改札を抜けて階段を上がる。立ち話をつづける三人をホームの端に残して中ほどまで歩いていくと、ベンチに紺野が座っていた。

「なんだ、改札で待っていてくれればよかったのに……」

挨拶のあとに言うと、紺野はすげなく応えた。

「だって、集合は駿河小山の駅だから。案内にそう書いたよ」

「まあ、そうだけど……」

確かに忘年山行の案内には、集合場所や乗るべき列車から、それに間に合わせるための小田急線主要駅の発車時刻まで、事細かに書かれていた。だから私はそれを参考に少し早めの電車で来て、下山後に忘年会ができそうな店を探し歩いていたのだった。

じきに列車が来たので乗り込み、扉横の席に並んで座る。

「みんな揃ったの？」

幹事としてはそれなりに心配しているようだ。

「ああ、後ろの車両に乗ったはず……ちょっと見てくる」

そう言って移動する前に、私はザックから松田駅前の観光案内所でもらった飲食店マップを取り出して、紺野に手渡した。

「これ、もらってきたから。いいところ見つけておいてよ」

忘年会といっても、山行後の打ち上げのようなものである。忘年山行のあとに参加者だけで行なうのが、私たちの山の会の、ここ数年の恒例になっていた。今日は、下山後に松田まで戻っての小宴である。

後部車両に行くと、三人はボックス席を占めてくつろいでいた。ゆかりさんが隣りに置いた自分のザックをどかして席を空《あ》けてくれる。

「紺野さん、いた？」

「ええ、前の車両にいます」

「じゃあ、全員集合ね」

前の車両に戻るつもりだったが、おしゃべりに付き合っているうちに列車は四つ目の駅、駿河小山に到着した。ホームを歩きながら紺野を待ち、改札口を出るまでには今日のメンバー五人が揃っていた。

駅前広場に出ると、黒塗りのタクシーが一台停まっている。紺野が「予約しておくよ」と言っていた車らしく、運転手が車外に立って、近づいていく我々に視線を投げていた。五人分のザックをトランクに押し込み、乗車する。後ろに三人、助手席に二人。前は窮屈そうだ。

「どうする？　三国峠？　東登山口？」

助手席に座った紺野が振り向き、登り口の確認をする。

「あ、東登山口がいいなあ」

二週間ほど前、書店で立ち読みした山岳雑誌の情報欄で、私は三国山稜に新しいルートができたことを知った。どんなルートなのか訊こうと町役場に電話をしてみたが、電話口でのやり取りではよく分からず、結局、ハイキングのパンフレットがあるというので、郵送してもらった。それには、東登山口や、西端の立山から須走《すばしり》へ下る新しいルートなどが記入されていた。

そのことを、私は事前に紺野に伝えておいたのだった。

「……じゃあ、三国峠の手前の、東登山口まで」

紺野が運転手に告げると、車は走りだした。山峡の町を抜け、段丘上の村を通り、尾根沿いの舗装道路を高度を上げていく。車窓になだらかな三国山稜の眺めが広がってきた。

「雪はなさそうだね」

戸村さんが窓の外に顔を向ける。

「眺めのいい道ですね」

矢野さんが誰にともなくつぶやく。

二人は来年、還暦を迎えるそうだ。先ほどの御殿場線の列車内で、そんな話をしていた。定年になったら好きなだけ山へ行きたいと言っていた矢野さん。戸村さんは自営業なので定年はないが、仕事を息子夫婦に任せて、海外のトレッキングに行くつもりだと話していた。具体的な行先と日程も決まっているらしく、今日は、そのための足慣らしということだった。

車が稜線直下の道を進むようになると、ほどなく東登山口に到着した。ここはすでに三国山稜から延びる稜線上の一角であるため、眺めがいい。

十時二十分。軽い準備体操をして歩きだす。先頭は五十路を過ぎて脚力が落ちたと嘆いていた、紅一点のゆかりさん。しんがりを今日のリーダーである紺野が務める。

まずは左が駿河、右が相模の境界尾根を登る。左側は「静岡県自然百選」のブナ林だとパンフレットに書かれていた。それで私は東登山口から歩きだすことを推したのである。林を見れば、なるほど、太い幹から自在に枝を広げたブナの大木が点在している。右側は神奈川県だから「百選」ではないのだろうが、それでも地続きなので、当然右手にも見事なブナが点在している。

カヤトの原に出て振り返ると、丹沢核心部の峰々が指呼の間に見えた。なだらかなこちら側とは対照的に、陰影のある深い谷を刻んだ山並みが幾重にも連なっている。足を止めたついでに上着を脱ぐ人もいる。丸めた服をザックにくくり付け、ふたたび歩きだす。

落ち葉に埋もれた山道をしばしの登りで、十一時十分、三国山の山頂に着いた。ここもブナなどの樹林に囲まれているが、冬枯れのため明るい。梢越しに富士山が見える。行政界が分かれているせいか、案内板や道標が三か所に立っていた。

丸太で造られたベンチがあるので、腰を下ろして小休止かと思っていると、

「お昼にしませんか？」

と、ゆかりさんが言いだした。

「え、ちょっと早いんじゃ……」

紺野が言い終わらないうちに、

「ん、お昼？　いいですねえ」

と、矢野さんが同調した。

「俺、朝早かったから腹へっちゃったよ」

戸村さんも〝ゆかり案〟になびく。山のベテラン二人が賛同しては、旗色がわるい。

「あ、……じゃあ、お昼にしましょう」

不本意そうな紺野の言葉で、結局、ここで少し早めのお昼休憩となった。まだ行程の四分の一も来ていないが、早めに食べて腹を空かしておいたほうが、今夕の料理がおいしく味わえるかもしれない。

ベンチにザックを置き、弁当を広げる。風はないものの、動いていないと体が冷えてくるので防寒着を着込み、襟元までファスナーを上げる。食後、矢野さんが携帯コンロで湯を沸かし、みんなにコーヒーを入れてくれる。体が温まったところで出発。

ここからは、ほとんどアップダウンのない稜線歩きがつづく。足元は落ち葉、周囲は冬木立というモノトーンの景色の中を進む。広大な展望こそないが、冬枯れの林ならではの静寂と明るさ。梢をかすめて降り注ぐ淡い日差しが心地よい。

「春の新緑や、秋の紅葉もいいだろうね」

「夏は木陰で涼しそう」

「……ってことは、一年じゅういいってことですね」

そんな会話をしながら足を運ぶ。たいした登りもないので体が温まらず、誰もが防寒着を着たまま歩いた。

落ち葉の上に伸びる木々の影が、山道に縞模様を描いている。楢木山、大洞山と越えていくが、似たような景色のうえ変化のない地形なので、標識や三角点がないと、どのあたりを歩いているのか分からず、現在位置がつかめない。

そのとき、行く手から単独行の青年がやってきた。

「こんにちは〜」

道をよけて声をかけると、

「こんにちは。今日、初めて人に会いました」

と、呼吸を整えるように一瞬立ち止まり、人懐こい笑顔を向けて通り過ぎていった。

一人きりで、それも冬枯れの山を歩いている姿は、いかにも寂しそうに見える。けれど、こちらがグループで歩いているからそう見えるだけで、本人はいたって気ままに山を楽しんでいるのかもしれない。自分の単独行を思い返してみても、不安や心細さを覚えることはあっても、寂しいと感じたことはない。

西へ向かうにつれて、数日前に降ったらしい雪の名残りが、枯葉の上に点々と白い粒を見せるようになった。ようやく坂道らしい急坂が現れ、登り切ってゆるく下ると、砂礫地に草原が広がるアザミ平に着く。

展望が開け、枯れた草原の上に、富士山が姿を見せていた。南には箱根や愛鷹《あしたか》山の眺めが広がっている。しばし足を止めて小休止となった。

ここでコースは二手に分かれる。ガイドブックにも紹介されている一般的な籠坂峠《かごさか》への道と、立山を経て須走へ下る新しい道。

「どうする？　籠坂峠？　須走へ下る？　どっちでもいいよ」

紺野が訊く。計画では籠坂峠へ出ることになっていた。

「……うん、新しい道を行きたいなあ」

私は手垢の付いていないコースを希望した。ほかの三人は決めればついてきてくれる。そのことは、一緒に歩いたこれまでの山での経験から分かっていたので、二人で決めた。

「立山の先にある展望台に行きたい」

「オーケー。じゃあ、直進ということで……」

そう言うと、紺野は下ろしたザックから携帯魔法瓶を取り出し、喉を潤していた。戸村さんと矢野さんは、ここまではっきりと姿を見せなかった富士山に向けてカメラを構え、私はゆかりさんに訊かれて愛鷹山や伊豆方面に見える、それぞれの山名を教えていた。

我々が風景に見入っているうちに、紺野はふっと歩きだし、次のピークへと坂を登っていった。

小さい山だが、まだ二つ越えなければならない。

「……そろそろ行きましょう」

先行したリーダーに代わって、私が三人に声をかける。

「どっちへ行くの？　籠坂峠？」

ゆかりさんが毛糸の帽子を深くかぶり直しながら訊いた。

「いえ、新しい道です。須走に下ります。直進！」

ザックを背負い、私は坂道を指さした。

「この道？　え、まだ登るの？」

「登るといっても、たいした距離じゃありませんよ」

渋るゆかりさんを牽引すべく、今度は私が先に立って歩き始めた。

「山登りに来たんですよ、ゆかりさん」

矢野さんの言葉が尻をたたく。

「登らなきゃ、下りられない、ってね」

戸村さんが後ろで笑っている。

新しい道といっても、立山までは以前からのハイキングコースがある。地元で整備したのは立山から先、須走へ下るルートである。

「あら、紺野さんは？」

歩き始めてすぐにゆかりさんが訊いた。

「あ、先に行きましたよ」

「まあ、〝彼女〟を置いてっちゃたのね。冷たい！」

「あれ？　いつから〝彼女〟だったんですか？」

「初めっからよ！」

冗談が言えるようなら、まだまだ歩ける。

「えっ、なに？　俺はふられたってこと？」

「あ〜、私にもう少し若さと髪の毛があったなら」

戸村さんと矢野さんがかまってくれている。ゆかりさんは二人に任せて、私は少し急ぎ足で紺野を追った。

わずかな登りで次のピーク、畑尾山に着く。これまでの山とおなじような円い頂で、周囲は雑木に囲まれている。足元からいったん下り、広い鞍部から立山へ登り返す一本の山道が見通せた。だが、そこを歩いているだろうと思っていた紺野の姿はなかった。

あれ？　どこへ行ったんだろう……。

彼は、それほど足早に歩いていただろうか。我々もたいして間を置かずにアザミ平を出たはずである。

少しばかり心配になり、呼びかけてみた。

「お〜い、こんの〜」

応答はない。一呼吸おいて、もう一度呼ぶ。

「お〜い、こんちゃ〜ん」

「うぉ〜」

今度は返事があった。絞り出すような変な声だったが、立山の頂上あたりから聞こえた。

「どうしたの？」

歩きながら私の声が聞こえたのだろう、追いついたゆかりさんが怪訝そうに訊いた。

「紺野がいないんですよ。でも、立山の頂上にいるみたいです。返事がありましたから」

しかし、最後のピークである立山山頂に着いても、紺野の姿はなかった。

「籠坂峠の方に行っちゃったんじゃないの？」

「いや、こっちに来ました。そんなに先へは行っていないはずです」

不可思議だった。

「へそを曲げて先へ行っちゃったのかなあ」

私は今日の自分の言動を顧みた。

「こっちから登りたいだの、あっちへ行きたいだの、勝手なこと言ったし……」

差し出がましい行為が、幹事に不快な思いを与えていたのかもしれない。

「それなら私だって……早々にお昼にしたいとか……。それで機嫌をそこねたのかしら。でも、彼はあなたほどへそ曲がりじゃないわよ」

「私のどこがへそ曲がりなんですか？」

「あら、へそ曲がりよ。細かいことにうるさいし……」

「それと〝へそ〟とは関係ないでしょ！」

「まあまあ……。確かにこっちへ来たんですか？」

戸村さんが、なだめるように口を挟んだ。

「用足しにでも行ってるんじゃないの？」

だが、冬枯れの林は下草も少なく、遠くまで見通せる。人がいたりすればすぐに分かる。アザミ平からは展望もないので、左右の林に目をやりながら来たが、人影はおろか、獣や鳥の気配さえなかった。それとも、体を隠す茂みを探して、奥の方まで行ったのだろうか。

想像は、なぜかわるい方へとふくらむ。

「用足しでしゃがんだ拍子に倒れちゃったとか……」

私の憶測めいた口ぶりに、ゆかりさんが真顔になった。

「……やめてよ」

紺野と私はこの山の会の同期で、ともに二十代初めで入会した。あれから二十年余、たがいに人生の折り返し点を過ぎた。体のどこかにガタがきてもおかしくない年齢である。若い頃には抵抗があった病気の話題にも、すんなり加われるようになった。

「そんなに遠くへは行っていないはずなんですけどね……」

「遭難」という二文字が私の脳裏をよぎる。「救助」「捜索隊」……新聞記事で目にする言葉が連想で浮かんでくる。携帯電話は通じるだろうか。呼ぶのは警察か消防か。日没後には捜索打ち切りになるのだろうか。懐中電灯は持ってきている。非常食も一日分ならある。防寒着だけでは夜は寒いだろう。

腕時計を見ると午後二時。心なしか日差しが傾き、弱くなっている。来週はもう冬至だ。

「この道はどこへ行くんですか？」

これまで成り行きを見守っていた矢野さんが、下りの道を指して訊いた。

立山の山頂には、ルートの新しさを物語るように、真新しい指導標が立っていた。西へ下る道を指して〈須走紅富台〉とある。一方、南へつづく尾根道には〈立山展望台〉とある。立山展望台はパンフレットにあるが、紅富台という地名は地形図にも登山地図にも、パンフレットにも載っていない。

「こうふだい？」

私は首をひねった。

「そういう名前の展望台でしょうか？　聞いたことありませんね」

立山展望台を経て須走へ下るルートはパンフレットにあるが、矢野さんの訊く山頂から西へ向かうルートは入っていなかった。

「向きからして、須走と籠坂峠の中間あたりに出る道じゃないでしょうか……」

「この道を行った可能性はありませんか？」

矢野さんが疑問を一つずつ潰すように訊いた。目が、真剣味を帯びている。

「いえ、立山の展望台を通って下ると伝えました。紺野は分かっているはずです」

「ふつうは、分岐点で待ってますよね」

そうでないから、私は不安なものを感じたのである。彼の身に、なにがあったのだろう。

「立山展望台は遠いんですか？」

「いえ、五分くらいです」

「私ちょっと見てきますから、皆さんはここにいてください」

そう言うと、矢野さんはザックを背負ったまま、尾根道を進んでいった。冷静な口調が、かえって深刻さを煽るようだった。

立山の山頂に三人が残された。じっとしていても仕方がない。

「もう一度見てきます！」

私が山道を戻ろうとすると、すかさず戸村さんが制止した。

「いや、動かないほうがいいです。ばらばらにならないほうがいい。……矢野さんを待っていましょう。動くのはそれからです」

今まで見たこともない、凛とした態度の戸村さんがそこにいた。

冬枯れの山頂で、三人は口数も少なく、矢野さんを待った。寒さが身を包んだ。時間の進行が遅いような気がした。

思い起こせば、道を間違えて引き返したり、薮をこいで正しいルートに戻ったりしたことはある。帰宅が深夜になってしまい、家族が心配して騒いだこともある。だが、この会に入って以降、遭難や大きな事故が起きたことはない。しかし、それが「油断」という気の緩みにつながっていなかっただろうか……。

しばらくすると、矢野さんが空身《からみ》で戻ってきた。近づくにつれて口元がほころんでいるのが分かる。

「展望台にいましたよ」

「……じゃ、行きましょうか」

戸村さんの言葉にうながされて、尾根道を進んだ。歩きながら、安堵感がわいてきた。

「だあれ？　倒れたなんて言ったの」

「ハハハ、私です」

立山から南へ五分ほど行った展望台には、なだらかな草地が広がり、目の前に富士山が大きく聳えていた。おだやかな日和なら、昼寝でもしたくなるような草原である。

紺野が写真を撮っていた手を止めて、くるりとこちらを向いた。

「なに？　誰かいなくなったの？」

騒ぎを知らぬ幸せ者め。笑い事で済んだから、怒る気にもならない。

「真面目に心配してたのよ！　ハギウダさんなんか、何度も呼んだんだから」

ゆかりさんだけは腹の虫が収まらないようだ。

「呼んだの？」

紺野はとぼけているのか。

「ああ、姿が見えないから呼んだよ」

「ぜんぜん聞こえなかったけど……」

「うそ、返事しただろ。『うぉ～』って」

「してないしてない。だって聞こえなかったんだから」

結局、紺野は単に先を歩いていただけで、後続の我々が少し離れたために勝手に騒いでいただけらしい。

「だって、展望台を通るって言ってたから、ここで待ってれば来ると思って……なかなか来ないから心配しちゃったよ」

心配したのはどっちだ。ともあれ、再び五人が揃った。あとは須走へ下るだけである。

「あれ？　道は？」

下りのルートを探すと、紺野が周知のごとく応えた。

「そこに指導標があるよ」

見ると、立山山頂にあったものとおなじ真新しい指導標が、山腹を巻く道を指して立っていた。やはり〈須走紅富台〉と書かれている。コースは山肌を水平に辿りながら立山方面へ戻るようにつづいている。それで分かった。

立山山頂から西へ下っていた道は、展望台を経由せずに、直接、須走へ向かう近道だったのだ。巻道をしばらく辿ると、案の定、山頂から下ってくる道が合流した。あとは、眺めもない山腹の道を、口数も少なく下りつづけた。そろそろ山中湖と御殿場とを結ぶ国道へ出るだろうという頃、コースは分譲別荘地内を通り抜けた。そこが「紅富台」という名の別荘地だった。国道に出て歩道を進むと、ゴルフ場の前のバス停に到着した。時刻表を見ると、次のバスまで三十分ほど待つようである。ベンチもないので、植込みの縁石に五人並んで座る。

目の前には、視野の大部分を占めて、富士山が巨体を見せていた。雲だか雪煙だか分からないかたまりが消えては湧き、山頂を隠していた。弱い光を放つ冬日が、もうじき富士の稜線に沈む。

「今日は冷えたから日本酒にするかなあ」

「あ〜、熱燗がいいねえ」

矢野さんと戸村さんの心は、早くも忘年会に飛んでいるようだ。

ささやかな〝事件〟も、過ぎてしまえば笑い話に変わる。今宵の酒席を盛り上げる格好の話の種ができたということなのかもしれない。

「この『てっぺん』っていう店はどう？　山好きな俺たちにピッタリ」

紺野が飲食店マップを開いて私に見せる。

「なあに？　まだこれからどこか登るの？」

隣りで聞いていたゆかりさんが「てっぺん」を誤解した。

「違いますよ。お店の名前ですよ」

いや、誤解ではない。空耳でもない。

山道を歩きながら紺野を探して呼んだとき、私は確かに彼の返事を聞いた。しかし紺野は、返事などしていないと言う。では、私が山で聞いたあの声は、「うぉ～」という絞り出すようなあの声は、いったいなんだったのだろう。そういえば、人の声でもなかったような……。

# 葉桜

久遠寺の境内をあとにすると、私たちは身延山の登山道へと足を進めた。登山道といっても、本来は僧や信徒が山頂の奥ノ院へと辿る参詣道である。深い杉木立の中に、車が通れるほど広い舗装路が、ゆるいカーブを描きながら上っていた。

木洩れ日が差す道の脇に、時折り墓や石塔が現れる。古い墓石の裏側を覗き込んで年号を読んでみるが、それがいつ頃の時代なのか、浅学の身には分からない。由木《ゆぎ》さんと二人、荘厳な気が体にしみ込んでくるような道にふさわしいとも思えない世間話をしながら歩く。

いくつかのカーブを曲がり、無縁仏の墓がひしめき合うように並んだ場所に着いたときだった。

「中国の……兵馬俑みたいですね」

道下の墓石群を見下ろして言う私の声を背中で受けながら、だが、由木さんは返事もせず、路肩に下ろしたザックの中をまさぐっていた。

「ないよ、ない。……なんで？　……萩さん、俺のカメラ知らない？」

言い終えると同時に、由木さんが振り返った。懇願するような表情をしている。

「え？　いや、知りませんけど……。ないんですか？」

一緒に山を歩きながら、いつも首からカメラを下げていたのは知っている。たしか久遠寺でも写真を撮っていた。だが、登山道に入ってからは眺めもなく、写真を撮るような場所もなかったので、由木さんがカメラをどうしたかは、気にかけていなかった。

「ほんとにないんですか？」

私が訊くと、由木さんはザックに向けていた顔を上げ、

「そうか、あそこか……」

と、犯人の目星をつけた刑事でもあるかのように、一人つぶやいた。

「本堂の前で、登り始めるからって上着を脱いで、ザックに仕舞ったんだよ。あそこだよ。あそこに置き忘れたんだよ」

「どうします？」

「え？　戻るよ！　……ゴメン、戻っていいかな？」

「もちろんです。でも、まだありますかねえ」

「いやなこと言わないでよ。……わるいけど、付き合ってくれる？」

由木さんはそう言うとザックを背負い、登ってきたばかりの道を下り始めた。私もつづく。抑えていないと走りだしてしまいそうなほどの早足だった。

「何分くらい登ったっけ？」

大股で下りながら、由木さんが荒い息遣いで訊く。

私も大股で歩きながら、地図にメモした時刻と腕時計とを見比べる。

「え〜っと、久遠寺を出たのが九時十分ですから、いま三十……五？　ま、登り二十五分ってとこですね。下って捜して、また登って、約一時間？」

「一時間のロスかあ。まったく、なんで忘れるかな……あってくれよ……」

由木さんは誰に話しかけているのだろう。

杉木立に囲まれた車道を下りながら、なぜか「徒労」という言葉が脳裏をよぎった。

＊

土産物屋や仏具店などが並ぶ門前町の狭い通りを抜け、三門から二五〇段を超える急な石段を登って、私たちは久遠寺の境内に出た。有名なシダレザクラはすでに花を散らし、葉桜に変わっていた。それでも久遠寺は、息を呑むほどの大伽藍だった。平日の早い時間のせいか参拝客の姿はまばらだったが、それは境内の広さゆえに少なく見えただけなのかもしれない。

「久遠寺のシダレザクラも見たいんだけどさ……」

春、桜の頃にどこかの山を歩いたときだったろうか。由木さんが話したことがある。

「……だけど、花の時季に行ったら大混雑で身動きとれないらしいよ」

今回、「どこか行こうよ」と言われて私が提案したのが身延山だった。

「いいねえ。久遠寺のシダレザクラも見たいけど、花の時季に行ったら大混雑で身動きとれないらしいから、今頃がいいかもしれないね」

以前とおなじような言葉を聞きながら、由木さんも私同様、多くの人が騒ぐような場所は好まないのかもしれない、と思った。いくら優れた景勝地でも、人気のある場所へは行きたいという気が起こらない。行列ができるような店や、流行《はやり》の商品などにも、私は抵抗感を覚える。シダレザクラも、人込みをおしてまで見たいとは思わなかった。

「でも、登っていけば頂上までのどこかで満開の桜に出会えるんじゃないかな」

由木さんの言葉に、私もそんなありふれた桜との出会いを期待した。

長く急な石段にあえいで境内に出ると、黒光りする本堂の大屋根の背後に、これから登る身延山の山頂と、ロープウェイ駅が見えていた。由木さんはその写真を撮ったり、花も終わったシダレザクラのところへ行ったりしていた。私も写真を撮りながら五重ノ塔を見たり池を覗いたりして、歩き回っていた。

視野の片隅にたがいの姿を意識して境内をうろつきながらも行動は別々で、だから、由木さんがどこでカメラを置いたのか、私に鮮明な記憶はなかった。

＊

久遠寺に戻り着くと、由木さんは真っ先に本堂へ向かった。大きな賽銭箱が置かれた木の階段の隅。上着をザックに仕舞ったという場所である。

ボディーもレンズも黒い一眼レフカメラ。そんな〝黒い塊〟はどこにも見当たらない。

「ここですか？」

「うん。ここだと思ったんだけどな……」

由木さんは首をかしげ、水屋、鐘楼と急ぎ足で見て回る。当てがあるわけではないが、私もあちらこちら捜し歩く。けれど、境内はあまりに広く、堂塔も多い。

「社務所はどこだろう？」

多少観念したかのような口調で由木さんが訊く。

「社務所？　社務所は神社ですね。お寺ですから〝寺務所〟？」

「ああ、その〝事務所〟でもなんでもいいんだけど……」

「池の脇に受付みたいなところがあったと思いますが……」

私が不確かな記憶で話すと、由木さんは「ちょっと待ってて」と言い、山靴が踏む砂利音を残して歩いていった。その間も私は〝それらしき場所〟を捜してみたが、〝黒い塊〟はない。

今朝、到着したときよりも参拝客は多くなったように見受けられる。しばらくすると、その中を真っ直ぐに進んでくる由木さんの姿があった。手にはなにも持っていない。

「届いてないって……」

「どうします？」

「どうしますって……諦めるしかないな。自分の不注意だし。……ゴメン、行こう。遅くなっちゃったね」

「諦められるんですか？」

「え？　諦められないよ！　……でも、仕方ないじゃん」

私だったら、どうするだろう。しかし、「仕方ない」で済まさなければならないことが、世の中にはある。

私たちは本堂の脇から登山道に戻った。再びおなじ道を登り返す。十時十分。二度目の出発時刻を地図に書き込み、私は歩きながら声をかけた。

「写真はけっこう撮ってあったんですか？」

「いや、山から帰ったら、その都度パソコンに保存してるから……。今日はまだ五、六枚かな」

「まあ、その点ではよかった、なんて言ったら怒られますけど」

「まあね。……萩さん、俺の分も写真、撮っておいてよ」

「リバーサルフィルムですから、プリントしてもあまりきれいじゃないですけど……」

「いいよ。頼むよ」

たしか三年前だった。二人で御坂山地の十二ヶ岳へ行ったとき、あのときは私のカメラが電池切れになってしまい、カメラを車に残したまま登り始めた。ところが、私があれもこれも撮ってくれと頼んだせいで、下りの途中で由木さんのカメラのフィルムが終わってしまったのである。

「十二ヶ岳のときと逆ですね」

私が言うと、由木さんが思い出したように話す。

「そう。それで、あのあとデジタルカメラを買ったんだよ。まだ二年ちょっとしか使ってない……。まったく、神仏の前で盗みを働く不届きな奴がいるとはね……」

〝やぶへび〟だった。忘れようとする気持ちに火を点けてしまったかもしれない。おだやかな口調ながら、怒りが伝わってきた。私はといえば、なんの力にもなれないもどかしさと、矛先の向け場もない憤りを感じていた。

無駄にした時間を取り戻すために少し歩速を上げようかとも話したが、まだ登り始めなのでペースを乱さないよう抑えて歩く。

森閑とした杉林の車道を歩くこと小一時間。山頂までの中間地点である三光堂に到着した。日当たりのいい山腹に、お堂や休憩所が建っている。石垣の上で満開のミツバツツジが出迎えてくれた。薄暗い道から陽光あふれる場所に出たせいか、赤紫色の花群れがまぶしいほど明るい。

見ると、休憩所から白装束の若い僧たちが出てきて、堂守の婦人に礼を述べているところだった。ここまでの道すがら、時折り上方から団扇太鼓の音が聞こえていたが、その集団らしい。二十人ほどの白装束の一団は、経らしき文句を唱え、手にした団扇太鼓を打ち鳴らしながら、一列になって出発していった。

彼らの姿が見えなくなると、由木さんは婦人のところへ行って、なにやら話をしていた。

「……修行僧なんだって。一日かけて山を回るらしいよ」

戻ってきて解説をする。

「我々とおなじルートを歩くんでしょうか」

「そうじゃないかな」

休憩がてら境内を見学していると、庭のはずれに淡い黄色の花を咲かせた桜の木があった。

下から見上げた写真を撮ろうと、私が木の根元でカメラを構えていると、

「根を踏んじゃだめだ！」

と、近くで三脚を立てて写真撮影していた初老の男性から注意を受けた。あわててその場を離れたが、由木さんは今度はその男性に花の名前を聞いてきた。

「ウコンザクラっていうんだって。聞いたことはあるけど、初めて見たなあ……」

「はあ……」

私は少し気分を害していたが、横から眺めた桜の写真を撮りながら、由木さんに訊いた。

「『黄桜』ってヤツですか？」

「それは酒でしょ。あ、でも、この桜のことなのかなあ……」

久遠寺では葉桜だったが、標高七〇〇メートルほどのここでは、桜が満開だった。

私たちは今、季節をさかのぼっているのだ。

トイレを借り、十分ほどで休憩を切り上げる。三光堂をあとに修行僧たちを追うようにコースに戻ると、舗装路は終わり、山道に変わった。すぐに山腹から尾根筋を辿るようになるが、やはり並んで歩けるほど、道幅は広い。

「十一時十分？　予定ではどう？」

腕時計を見ながら訊く由木さんに、計画担当の私が答える。

「まあ、戻った時間がありますからね……頂上まであと一時間半くらいですから、十二時到着の予定では、遅いといえば遅いですけど……」

「少しペースを上げようか？」

「かまいませんよ。ま、今日は我々も〝修行〟ってことで……」

最初の修行は、三門からの長く急な石段の登りだった。二つ目の修行は、カメラを捜しに戻ったことだろうか……。

もしかしたら、山登りはいつだって〝修行〟なのかもしれない。好き好んで苦しい道を登ったり、一歩間違えれば大怪我をしかねない嶮岨な道を辿ったりする。楽して楽しいことはほかにいくらでもあるのに、自ら進んで苦難を背負う行為。だから、その先にあるのは、幸せや、喜びであってほしい。

山道に入った頃は近くに聞こえていた団扇太鼓の音も、ほどなくして小さく聞こえるようになった。地形のせいなのか、休憩でもしているのか、時折りその音が途切れることもあった。いずれにしても達者な足取りで登り、我々はどんどん離されているようだった。

道はしだいに細くなるが、取り立てて眺めのいい場所に出るということもなく、法明坊に着いた。身延山の肩にあたる場所で、やはりお堂のような建物と休憩所が建っている。地形図では下りコースにも同様な建物の名前が記されており、山全体が僧侶たちの修行の場であり、霊場であることが分かった。

ガラスの引戸から休憩所を覗いてみるが、中は薄暗く、入る気も起こらない。山道を外れた雑木林の平坦地にザックを下ろし、私たちは上り最後の休憩をとった。

ここからは山腹の巻道を辿る。心なしか大木が目立つようになった杉木立の中を進むと、奥ノ院を含む建物群の一つが現れ、山頂の一角に登り着いた。展望が開け、富士川の流れを挟んだ山波の奥に、富士山が上半身を見せていた。写真を撮り、足を休めながら、眺めを楽しむ。食堂や土産物を売る店の間を抜けると、奥ノ院の参道だった。

十二時四十分。ここでもまた、どこかで昼食を終えたらしい先ほどの修行僧の一団が、出発していくところだった。物珍しさも手伝い、下山路へと進む彼らを見送ってから、私たちは山頂といわれる奥ノ院の北側にある展望広場へと向かった。

杉林を抜けた先の広場に出ると、ベンチや展望絵図があり、南アルプスの高峰が目に飛び込んできた。ザックを背負ったまま眺め、写真を撮る。

正面には富士見山が聳え、彼方には残雪を輝かせた北岳、間《あい》ノ岳、農鳥《のうとり》岳の白峰三山が望める。そこから長い屏風のように連なる白峰南嶺の稜線上には、塩見岳や荒川岳とおぼしき三千メートルの白い頂が小さく頭をのぞかせていた。

「北岳の写真、撮っておいてよ」

由木さんに言われてズームアップしてみるが、牛の背のような富士見山の稜線が、ちょうど北岳の手前に重なっていて、すっきりした構図にはならない。それでも、青空の下に連なる残雪の山々は、すがすがしい眺めで私たちの心を満たしてくれた。

周囲のほかの山も写真に撮っていると、さすがに空腹を覚えた。後半ペースを上げ、久遠寺に戻った時間を多少取り戻したとはいえ、予定より四十分遅れの登頂。奥ノ院でも見学に時間を費やしていたので、すでに午後一時になっていた。

「お昼にしましょうよ」

私が言うと、空腹を忘れていたかのように由木さんが即答した。

「ああ、そうだよ。腹へったよ。とりあえずメシだメシ！」

空いたベンチを探そうと見回すと、広場には夫婦らしき二人連れが数組と、なんの集団なのか背広を着た男性ばかり五、六人のグループがいた。いずれもロープウェイで来たらしく、軽装の人たちばかりである。山を眺めたり、ベンチで一服したりしている中で、登山姿は我々だけだった。

広場のはずれにあるベンチを食事場所と決めて移動しようとすると、「すみません」と背後で遠慮がちな女性の声が聞こえた。

「……すみません」

二度目の声は近い。私たちに向けられた声だと分かり、由木さんとともに振り返ると、すぐ後ろに四十代とおぼしき男性と、その奥さんにしては若い三十がらみの小柄な女性が並んで立っていた。

「……これ、お忘れじゃないですか？」

女性の腕先には〝黒い塊〟。

「あ、それ！ ……え、でも、なんで？」

由木さんが戸惑うように言う。

「……やっぱり」

女性は嬉しそうな笑みを浮かべて連れの男性を見上げると、〝黒い塊〟を由木さんに差し出した。男性も柔和な目で微笑んでいる。

「あ、すみません。……確かに私のカメラです」

由木さんは不可解な表情をしながらカメラを受け取る。「狐につままれたよう」とは、まさにこんなときに使う言葉なのだろうと思った。

「……でも、なんで我々だって分かったんですか？」

不思議がる由木さんに、男性が話を始めた。

「失礼ですが、持主の手がかりになるかと思いまして、写真を見させていただきました」

彼は首から真新しいコンパクトカメラを下げていた。今はもう、誰もがデジタルカメラを使う時代である。

「見たら、久遠寺での写真がありました。三門の前や本堂の前で撮った写真に、グレーのザックを背負って登山靴を履いた人が写っていました……」

「緑色っぽい幼稚園帽をかぶって」

女性が補足する。

確かに私のザックはグレーで、帽子は頭の丸い〝幼稚園帽〟だ。

「……これは山登りの人だと思いました。連れの人を写しながら登っているんだと……でも、境内を見回しても、それらしい人は見当たりませんでした」

「いつ撮ったんですか？」

今度は私が由木さんに訊いた。

「ん？　時々撮ってるよ」

そう言いながら、由木さんはカメラ背面のボタンを操作して、撮りためた写真を順繰りに画面で見せてくれた。門前町の風景のあとに、三門を見上げている私の後ろ姿や、本堂の前で参拝している後ろ姿などが写っていた。

「……たぶん、ロープウェイなど利用しないで山登りに来たんだろうと思いました」

男性が言うと、あとを受けて女性が話した。

「頂上で待っていれば、きっと登ってくるって。頂上へも行ってみようって話していたので、それならロープウェイで先回りしようって……」

「え、でも、歩いて三時間？ですよ。ロープウェイで来れば十分もかからないでしょ？　今まで待っていてくれたんですか？」

由木さんが疑問を呈する。

「……いいえ、早く行っても待つ時間が長そうでしたから、日蓮上人のお墓などを見てから、十一時半過ぎにロープウェイに乗りました。頂上を一回りしても見当たりませんでしたので、食堂でお昼を食べて、そうして、また来てみたら……あ、やはりっていう感じです」

「そういう感じです。大当たり！」

女性は実に嬉しそうだ。

「そうですか。いやあ、ありがとうございました」

由木さんがそう言って頭を下げる。

「だけど……もし、出会えなかったら？」

「下りてから下の交番に届けるつもりでした」

男性の答えは明快だった。

「あれ？　交番なんかあったっけ？」

「あ、ありました。三門の前に。たぶん交番です」

またもや不確かな記憶だが、私はちらっと見たような気がする。

「では、これで……」

男性が言いかけると、由木さんはあわてて返した。

「あの、なにかお礼を……」

「いいえ、けっこうです。お渡しできただけで……」

「でも、それじゃあ……あ、お名前とご住所を教えていただければ、後日……」

「いえいえ、本当にけっこうです。困ったときはおたがいさまということで……」

「そうですか、すみません。ありがとうございます。……これで北岳の写真が撮れるなあ」

由木さんのひとりごとのようなつぶやきに、女性が反応した。

「北岳って、キタダケソウっていう花が咲く北岳ですか？」

「そうですけど、よく知ってますね」

「……母が去年、花を見に登ったって言ってました。ここから見えるんですか？」

「見えますよ」

由木さんはそう言いながらザックをベンチに置くと、展望絵図の立つ場所へ向かって歩き始めた。女性がつづき、なりゆきで私と男性もあとに従う。

「正面の谷の奥に雪をかぶった三つの山が見えますよね」

由木さんが指をさしながら解説する。

「白峰三山っていって、左から農鳥岳、間ノ岳。それでいちばん右端にちょっとピラミッド形の山がありますよね。あれが北岳です」

「……すごい、あんな山に母は登ったんですか」

「まあ、今はまだ雪があるからきついですけど、夏なら誰でも登れますよ」

女性はしばらく山を眺め、由木さんは戻った自分のカメラを構え、北岳の写真を撮っているようだった。

「では、これで……」

再び男性が言う。なんとなく早くこの場を離れたそうな雰囲気だ。

「失礼します」

女性も軽く一礼して背を向けると、並んでロープウェイ駅の方へ歩いていった。

ようやく昼食にありつける。ベンチに戻り、山を眺めながら由木さんは弁当を開く。私はおにぎりを頬張るが、あわてて食べたせいか、むせて、咳き込んでしまった。

「……久遠寺の受付にでも届けておいてくれればよかったんじゃないの？」

二人の姿がないことを確かめるように見回してから、箸を持ったまま由木さんが言う。

私は水筒の水を一口二口、つづけて飲んだ。

「う〜ん、ロープウェイで届けようって思ったら、ほかの方法は頭ん中から消えちゃったんじゃないですか？　まあ、カメラが戻ってよかったじゃないですか」

「ああ、まあ、そうだね。うん、ありがたい。こんなことがあるんだね」

「修行の功徳があった、ってことで……」

「ハハハ、修行か。修行したよなあ」

「ここは修行の山です。全山霊場らしいです」

「神仏の前で盗みを働く奴なんかいない！」

「いるって言って怒ってたのは誰ですか？」

「いやあ、修行して心を入れ替えた！」

戻ってきたのはカメラだけではない。由木さんにも明るさと余裕が返ってきた。

私が二つ目のおにぎりを口にしようとしたときだ。由木さんは弁当箱の透明な蓋を手にすると、顔の前にかざし、割箸でたたき始めた。

「べんべんべん、ナムミョ〜ホ〜レンゲ〜キョ〜」

「由木さんっ！　どこで信者が見てるか分かりませんよ」

団扇太鼓の真似である。面白かったが、笑えない。広場にはまだ観光客がいる。しかし、ロープウェイが着くたびに人がやってくるので、これまでいた人たちなのか、別な人たちなのかは分からない。あの二人はもう麓に下りたことだろう。

一時四十分。食事を終え、ザックを背負うと、私たちはもう一度、白峰三山を眺めてから、下山の途についた。地図に出発時刻を書き込むが、予定より一時間遅い。

杉林を抜け、いったんロープウェイ駅の脇まで行き、富士山の写真を撮る。七面山方面を示す道標に導かれて下山路に入ると、車が通れるほどの幅広い砂利道だった。車道が稜線上をつづいているというのも、不思議な光景である。

頂上にはいくつもの建物があり、地形図には車が通れるような実線の道が、麓と山頂を結んで描かれていた。そして、ガイドブックにもさりげなく「車道」という言葉が使われていた。だから「下りはずっと車道かもしれません」と、私は登りながら由木さんに言っておいた。

味気ないが、のんびり下っていくには広い道は安心で、いいかもしれない。

砂利道はじきに簡易舗装の道に変わった。しかしそれはカーブ地点だけで、曲がり切ると再びゆるく下りながらの砂利道がつづいていた。

「さっきの二人さあ……」

大きな石ころをよけるように歩きながら、由木さんが言った。

「あれ、夫婦に見えた?」

「う〜ん、あまり夫婦っぽくは見えなかったですけど……」

二人の関係について、私は特に関心を持って見てはいなかった。

「あれ、不倫じゃないかなあ」

「は?」

唐突な話に、私は返事に詰まった。

「夫婦って、雰囲気とか服装とか、なんとなく似てくるもんなんだよ」

「まあ、そういいますよね。じゃあ、親子とか、新婚とか……」

「いやあ、親子じゃないでしょう。それに、指輪はしてなかったな」

「細かいとこ見てますね〜」

感心しながら、私は思い出す。

二人とも薄手のジャンパーを着ていたが、男の足元は茶色の革靴で、女はベージュ色の真新しいトレッキングシューズを履いていた。私も細かい観察をしていたわけだが、靴に目がいくのは登山者の習性かもしれない。男はスラックスで女はジーンズというのも、不釣合いといえば不釣合いだが、年相応のスタイルともいえる。

「……じゃあ、ふつうの恋人同士じゃないですか?」

「いや、あれは不倫旅行だね」

由木さんが断定するように言う。そういえば、名前も住所も教えたがらなかった。知られたくなかったのかもしれない。

「男は妙にそわそわしていた。こういうときって、女のほうが堂々としているもんだよ」

「はあ、そうなんですか……。でも、不倫旅行だったら、軽井沢とか蓼科なんかへ行くんじゃないですか?」

「いやあ、こういう渋いところがいいんだよ。穴場かもしれないなあ」

「不倫旅行、したことあるみたいですね」

「へ? ないよ。なに言ってるの!」

尾根上を辿る車道の脇には、芽吹き始めた林がつづいている。時折り横を向いて北方の眺めを確かめながら歩く。木の間越しに見え隠れする白峰三山が、歩くにつれて富士見山の稜線から離れ、北岳がすっきりとした形を見せ始めていた。だが、手前の木々がじゃまで、せっかくの秀峰も写真に撮りづらい。

林が途切れる場所があるかもしれないと期待しつつ歩いていたが、道はしだいに稜線直下を辿るようになり、展望も開けぬまま、感井坊に着いた。ここもまた、修行者のための施設である。〈追分〉と呼ばれる地点で、早川の支流へと下ってから七面山に登る修行道と、久遠寺へ下る道とが分かれている。ザックを下ろして小休止ののち、私たちは久遠寺へ向けて山肌につづく下り道へと足を進めた。

午後二時半。春の日はまだ高く、山全体を麗らかにつつんでいる。芽吹きにも木によって遅速があるのだろう。淡い緑を見せ始めた木や、いまだ冬枯れの枝をあらわにした木々におおわれた斜面に、点々と満開の桜の木が明るい色を添えていた。

「あの不倫カップルさあ……」

由木さんの中ではすっかり不倫カップルになっている。

「今日は別れの旅なんだよ」

「はあ……」

「今日でお別れという儀式。思い出づくりの旅なんだよ」

「そうだとしたら、カメラを届けに来たことは、いい思い出になりますね」

「ん？　うん。それでさ……」

前を歩きながら、由木さんは勝手に話をつづける。

「女は三十を過ぎて、もう、こんな関係にピリオドを打たなければと考えた」

「はあ……」

もしかしたら、女性は三十前かもしれない。額《おでこ》を出し、後ろで短く束ねた髪形のせいか、りりしく、利発そうに見えた。由木さんが言うように、別れの決心をして髪を短く切ったのかもしれない。

「二人とも家は日蓮宗なんだよ。最後に総本山の久遠寺に来て、これまでの行ないを懺悔して、……それで別れる」

今頃、二人はくしゃみをしながら笑い合っているに違いない。

「由木さん、小説家になれますね」

「へ、そう？　じゃあ、芥川賞でも狙うかな。直木賞かな？」

「ま、〝頑張りま賞〟ですかね……」

霊場を歩いているというのに、由木さんの俗気は抜けていない。

誰が言った言葉だったろうか。

〈芸術家の条件は反俗精神の高さである〉

二十代の頃に知り、ひそかに私はこの言葉を座右の銘として生きてきた。生きてきたつもりである。だが、知人に言わせれば単なるへそ曲がりだそうだ。趣味で絵を描いたり、文章を書いたりしているが、芸術家にはほど遠く、世俗を離れた仙人になれるわけでもない。山奥での隠遁生活にもあこがれるが、しかし、通俗は楽しく、俗世間は居心地がいい。山に登ればまた登りたい山が見えてくるように、煩悩が消えることはない。

再び私は思い出す。

女は真新しいトレッキングシューズを履いていた。

頂上で二人は別れる。女は我々が登ってきた山道をひとり下り、男は我々が下っているこの道をひとり下る。そう決めていたから、彼女は山歩きに適した靴を履いてきたのだ。

別れ際、未練のある男は女に言う。

——もし、まだつづけられるなら、久遠寺のシダレザクラの下で待っている。

男の言葉を耳に残しながら、女は山を下る。もう、誰も登ってこない寂しい山道。弱い日差しの中で、人恋しさから、男への思いが再燃する。女は久遠寺に下るが、花が散ったシダレザクラを桜と気づかずに、通り過ぎてしまう。薄暗くなった門前町を歩きながら、店仕舞いを始めた土産物屋の軒先で、女は店の男に尋ねる。

——桜の木はどこでしょうか?

——桜の木? 桜なんか、ここにはたくさんありますからねえ……。

「……だけど、女にもまだ未練があるんです」

私が言うと、由木さんは意外そうな口ぶりで返した。

「へ? まだ話がつづいてるの?」

「はい。でも、結局、二人は別れてしまうんです」

私も俗っぽさが抜けていない。まだまだ〝修行〟が足りなそうだ。

女がトレッキングシューズを履いていたのは、男から「身延山へ行く」と言われて、単に山歩きと勘違いしただけのことなのかもしれない。

しばらく下ると、ふいに杉の大木が何十本と聳え立つ場所に出た。ガイドブックにあった「千本杉」である。上りコースでも古木とおぼしき杉を数多く見てきたが、それらより桁違いに幹は太く、樹高も高い巨木が、天を突くように伸びている。

圧倒されるような大木を見上げていると、声がかかった。

「萩さん、ちょっと木の横に立っててくれる?」

そう言うと、由木さんは杉の木を仰ぎ見ながら後退りしていく。てっぺんまで写真に収めたいらしく、手にしたカメラを縦に構えている。私は杉の大きさを際立たせるための引立て役、比較のための〝小道具〟なのだ。

ザックを背負った背中を由木さんに向けるようにして、私は杉の木を見上げて静止する。小さなシャッター音が聞こえると、由木さんから「もう一枚!」と注文が飛んだ。

今度は両手を水平に広げて、木に抱き付く格好をとる。猛禽類の羽を思わせる樹皮に顔を寄せていると、太い幹の芯から、千年の鼓動が伝わってくるような気がした。

由木さんはパソコンで山歩きのブログを開設し、これらの写真を山行記とともに掲載している。だから、顔が出ることで問題が起きないよう、後ろ姿の写真ばかりを撮っていると、以前、聞いたことがある。

千本杉を過ぎて砂利道を辿ると、あたりは再び明るい雑木林に変わった。

「たまには、こんな山もいいねえ……」

由木さんがしみじみと語る。

山岳宗教の名残りをとどめる山は多いが、身延山は今もなお信仰の匂いを色濃くただよわせ、清浄な気に満ちていた。人工物が点在し、手つかずの自然にはほど遠いが、どことなく心を静かに、安らかにしてくれる道のり。確かに、たまにはこんな山歩きもいいと思った。

下っていると、谷の下方から、かすかに団扇太鼓の音が聞こえてきた。

「ほら、あそこを歩いてるよ」

由木さんの声に山肌を見下ろすと、遙か足下に、白装束の列が小さく見えた。

「もう、あんなところを歩いてるんですね」

急いでも、とても追いつけそうにない。

たぶん、あの二人もロープウェイで山を下り、今頃は車で富士川のほとりでも走っていることだろう。

私は、また思い返してみる。

男性は、もし出会えなかったら、山を下りてから交番に届けるつもりだったと話していた。だが、交番に行けば名前も住所も訊かれるだろう。不倫旅行なら、そんなことはしないはずだ。不倫か、恋人同士か、あるいは年の離れた兄妹なのか、間柄は分からない。確かなのは、いやな思い出の山になっていたかもしれない身延山を、いい思い出の山に変えてくれた二人だということである。

私たちに嬉しい出来事を届けに来てくれた、ただそれだけのための出会いだった。

「この砂利道がずっとつづくの？」

歩きながら、由木さんがつぶやいた。

「いえ、途中からショートカットする道があるはずですけど」

門前町から県道沿いに宿坊が点在する「東谷」に対し、これから下っていく日蓮上人の廟所や研修道場などがある場所は「西谷」と呼ばれている。春の日永ではあるが、谷筋では暗くなるのも早いだろう。

「下りたら久遠寺に寄りたいんだけど……」

由木さんが遠慮ぎみに言う。

「また、なにか忘れ物ですか？」

私は少し意地悪を言った。

「え？　違うよ。もう一度、久遠寺を見たいんだ。今朝はゆっくり見られなかったし」

上りのときとは違う気持ちを抱きながら、私たちは三たびその寺へ向けて歩いている。

「少し急いでもいいかなあ？」

由木さんが訊く。

「いいですよ。早足でも駆け足でも……」

「じゃあ、急ぎ足で」

「……はい。今日は〝修行〟ですからね」

# 遠く離れて

逆「の」の字形に山腹を回るようにして、車道が頂上近くまでつづいている。山頂には三角点を挟んで電波塔の記号が二つあるが、周辺には草原を思わせる荒地の記号も点在している。等高線の間隔が広いので、山頂はなだらかそうだ。

電波塔の前に広がる草原に立てば、南には伊豆七島を浮かべた太平洋の大海原、北には長い裾を引いた富士山が望める。駿河湾も見えるだろうし、富士の奥には南アルプスも姿を見せてくれるに違いない……。

自宅で遠笠山を収めた地形図に目を落としながら、そんな山頂を思い描いていた。

山に限らず、初めての土地へ出かけるとき、地図を眺めて想像していた風景がどの程度合っているか確かめるのは、旅に出る楽しみのひとつである。

*

一ト月ほど前の九月中旬、南会津の田代山から帝釈山を歩いた下り道で、膝を痛めた。前を行く仲間たちから遅れ、最後尾を歩いていた私は、どんどん離されてしまった。まるで単独行をしているような心細さを抱え、痛む足をかばいながらあとを追ったが、日暮れが迫っていたせいか仲間たちも足を止めることなく、後ろを振り返ることもなく下りつづけていたらしい。里に出た林道の途中で追いついたが、見通しのよい道になって初めて私がいないことに気づき、しばらく待っていてくれたとのことだった。

もう、山へ行けないのではないか。そんな不安を覚えるほどのつらい痛みだった。

その日泊まった温泉宿で、気功を学んでいるという仲間の女性が膝の〝手当て〟をしてくれた。心なしか痛みは和らいだが、痛みの記憶までは払拭してくれなかった。

二週間後、足慣らしというか、膝の様子をみるために、中伊豆の城山《じょうやま》から発端丈山《ほったんじょう》を歩いた。狩野川《かの》のほとりに大岩壁を見せる城山へ大仁駅から登り、発端丈山を経てミカン畑の中を三津《みと》の海岸へと下る、四時間弱の初心者向きコースである。

どちらの山頂からも富士山がよく見えた。南に目を転じれば、数ある伊豆の山々を配下に置くように、天城山がどっしりと大きい。その中で、万三郎《ばんざぶろう》岳・万二郎《ばんじろう》岳の主峰群からやや離れたところに、なだらかな裾を引き、端麗な三角形を見せる山があった。登山地図を広げて確かめると、遠笠山である。文字どおり、遠くから眺める菅笠のような形をしていた。

万三郎・万二郎岳は何年も前の雪の日に歩いたことがあるが、遠笠山は下山後にバスでその裾を通過しただけで、登ってはいない。遠望する形のよさに心を惹かれ、いつか訪ねてみたいと思った。

＊

十月になって、日帰り登山用に新しいザックを買った。登山靴やザックを新調すると、山へ行きたい気持ちがうずうずし始める。城山から発端丈山を歩いたとき、膝は痛まなかった。長時間歩かなければ症状が出ないのかもしれないが、もう一度、短時間の山歩きで様子をみてみよう。新しいザックで山へも行きたい。それならば、その姿に一目惚れした遠笠山へ行こう。そう思い立ち、十月の末、出かけてきた。

伊東駅に降り立つと、駅前広場には秋のおだやかな光があふれていた。まずは広場の隅にあったタクシーの営業所に足を運び、電話番号を聞く。登山地図で調べた上り一時間、下り四十分のコースタイムのとおりであれば、休憩時間を含めても二時間余り。この計算だと、山を下りてきて帰りのバスを二時間以上待つことになる。駅まで歩けるような距離ではないし、結局、車を頼むことになりそうなので、事前に連絡先を確認しておきたかった。

「市外局番からかけてくださいね」

窓口の女性に教えられた電話番号を地図の余白にメモして、私はバス乗場へ向かった。早朝に家を出ても始発には間に合わないので、十時過ぎのバスに乗る。

平日だというのに、観光客や地元の人などで座席は八割方うまった。バスは市街地を抜けると国道を南下し、伊豆高原に散在する美術館や公園の前で乗客を降ろす。大室山の麓を通り過ぎ、山腹の道を登り始める頃には、車内は閑散としていた。これから天城山の登山口である終点まで行くのに、もうバスには運転手と私だけしか乗っていない。私が遠笠山登山口で下車すると、バスは空っぽのまま走り去っていった。

十一時二十分。一時間以上バスに揺られ、標高千メートルを越す登山口に降り立った。山頂まで車道がつづいていることは地形図を見て分かっていたので、その道を探す。登山地図でも車道に沿って赤い線が引かれ、登山ルートがほかにないことを示している。今日は山道を歩くことではなく、山頂に立つことが目的なので、頂上まで車道歩きでも仕方がない。

山側を見ると砂利道が延びていたが、入口は重そうな鉄の門扉で閉ざされていた。電波塔の立つ山などでは、道があっても保安のために登山自体が不可能だったり、頂上部分のみ立入禁止の場所があったりする。

ここまで来たのに、登れないのだろうか……。

心配しながら近づいてみると、門扉の脇に〈登山をなさる方へ〉と書かれた看板が立っていた。登れると一安心して先を読む。〈ここは私有地です。焚火や喫煙は……〉と注意書きがつづき、最後に〈R会〉と、ある宗教団体の名前が記されていた。

えっ、この山はR会の私有地なのか⁉

一瞬驚くが、登ってもいいらしいので、扉の脇をすり抜けて砂利道に入り、歩き始めた。

そういえば、地形図ではこの山の南中腹に〈R会〉の文字がある。高い塔と大きな建物の記号、それらが敷地を示す破線で広く囲われている。霊場なのだろうか。まさか、この遠笠山が御神体なのでは……。山頂に信者の集団がいて勧誘でもされたらどうしよう……。

歩きながら、ありもしない妄想にかられていた。

＊

R会といえば、東京・麻布にある、窓のない異様な黒い外壁の建物・釈迦殿を思い出す。地下鉄の神谷町駅から地上に出て国道一号を飯倉の交差点へ向かって歩くと、右手にその黒いビルは見えてくる。

かつて、三十代の頃、新宿にあった小さな編集事務所に勤めていた私は、週に二、三回、地図原稿を入れた図面ケースをかかえ、芝にある出版社へと納品に通っていた。人込みの歩道を歩きながら黒いビルに目をやっては、「変な建物だな」と、いつも思っていた。

それ以前、職場が神保町にあった頃は、地下鉄・御成門駅からプリンスホテルの前を通り、増上寺脇の小道を抜けて、その出版社へと向かっていた。小道には桜並木がつづき、春には花吹雪が舞った。近くに幼稚園があるらしく、紺色の制服に黄色い帽子をかぶった幼稚園児と、フォーマルな装いをした若い母親が手をつなぎ、花吹雪の下を歩いてくるところに出くわしたりもした。

そんな季節、図面ケースをかかえた腕や肩に散る花びらを受けながら、私は故郷から遠く離れて、一人、東京で暮らす青年になりきって、心の中でつぶやくのだった。

「……お母さん、東京へ出てきて三度目の春です。ハギウダ、頑張ってます！」

空想の一人芝居である。実際には両親と同居する自宅から、毎日ラッシュアワーの電車に揺られて通勤していた。

東京近郊で生まれ育った私には、「ふるさと」と呼べる、いわゆる「いなか」がない。夏休みや年末年始に帰郷する人たちのニュースを見聞きするたびに、毎年たいへんだな、と同情しながらも、ひそかに羨ましい思いを感じてもいた。

遠い山へ出かける途上の旅は、「いなか探し」の旅だったのかもしれない。登山口へ向かうバスが山裾の村を通り過ぎるとき、車窓から見える農家が自分の「いなか」だったら、などと夢想することもあった。すると、生垣に囲われた庭に重い鞄を下げて入っていく自分の姿が見えてくるのだった。年老いた祖父と祖母も健在だ。日当たりのいい縁側でお茶なんか飲んでいる。「ただいま」と声をかけると、皺だらけの笑顔を向ける。犬が尻尾を振りながら駆け寄ってくる。父と母はまだ畑に行っているに違いない。鞄を置いて、まずは井戸の冷たい水を飲む私……。

ふと我に返ると、バスは山に向けて走っているのだった。

＊

遠笠山の山頂へつづく砂利道の両側には、背丈より少し高い灌木が茂り、眺望はない。そのせいか、空想がめぐる山路となってしまった。南へと辿っていた道が山腹を大きく回り北に向きを変えると、ゆるやかな斜面に草原が現れるようになり、頂上が近づいてくる。

そのとき、前方から人がやってきた。「すわ、信者か？」と身構えたが、単独行の男性登山者だった。私もへそ曲がりだが、誰もいないと思っていたこんな山へ、それも平日に来る物好きがもう一人いたことに驚いた。相手も驚いたことだろう。軽い一礼をしてすれ違う。というよりも、予期せぬ出会いに戸惑っているうちに、声をかける機会を逸したのである。もしかしたら、登山ガイドブックにまだ紹介されていない山を探し歩いて下見に来た、奇特な山岳ライターなのかもしれない、とも思った。

じきに電波塔が大きく近づいてきて、砂利道は行き止まりになった。見上げる電波塔は五基。その一基の脇に踏跡があるので登ってみた。電波塔の下に、小さな芝草の広場が広がっている。

このあたりが頂上らしいが、標識も三角点も見当たらない。笹薮の中に踏跡が入り組んでいるので歩き回ってみたが、三角点は見つけられなかった。

つまらない山頂――。

これが第一印象だった。一時間ほどの歩きでは、登頂の達成感もない。「戻るなら今だ」と思った。乗ってきたバスが終点で折り返してくる時間に、今ならまだ間に合う。すれ違った男性登山者は、それに乗るつもりなのだろう。そのバスを逃せば、次は三時間後になってしまう。迷ったが、惚れて訪ねた山を休憩もせずに下ってしまうのでは、山に対してあまりにも失礼な気がした。それに、もう一度来たいと思うような山でもない。ということは、「もう二度と来ない山」でもある。

とりあえず休憩することにして、背負ったままだったザックを下ろす。落ち着いたところで、改めて周囲を見回してみた。

富士山は電波塔にさえぎられて見えない。太平洋は望めるが、いつの間にか広がった薄雲に海の青さは消され、広大な眺めとはいかない。ここが頂上だという雰囲気の場所もない。実際の山頂は、想像していた光景とはだいぶ違っていた。遠笠山は、富士山などと同様、遠くから眺めるべき山だったのかもしれない。

それでも、西方には天城山の核心部である万三郎・万二郎岳の山塊が大きく、その展望台としては優れている。ススキが揺れる草原には、ノギクやリンドウが可憐に咲いている。快晴なら、茫洋たる海原も眺められる。車道と電波塔さえなければ、きっと、伊豆でいちばん素敵な山頂だったことだろう……。

駅弁を食べ、草原に咲く花の脇に新品のザックを置いて登頂の記念写真を撮ると、私は山頂をあとにした。砂利道を戻る。乗ってきたバスは、もう通過してしまった。バス停しかない山中で二時間あまりぼんやりしていても仕方がないので、「天城ベゴニアガーデン」というところまで、車道を歩いて下ることにした。ベゴニアに興味はないが、そこに行けば公衆電話もあるだろう。今朝、聞いておいた電話番号でタクシーを呼べばいい。

アスファルトの道は足に堪える。路肩を歩いていると、皮肉にも富士山がよく見えた。

「……お母さん、今日は伊豆の山を歩きました。明日から、また仕事です」

歩きながら、「遠いふるさと」の家族に伝える。好きでしている〝へそ曲がり登山〟だから、こんな車道を歩く羽目になっても、誰にも愚痴はこぼせない。

三十分ほどで「ベゴニアガーデン」に着いた。整備された園内には小綺麗な施設が建ち並び、観光客が三々五々、楽しそうに歩き回っている。登山姿は場違いで、肩身が狭い。恐縮しながら一棟の建物に近づき、ガラス張りの壁面から中を覗くと、柱の蔭に公衆電話が見えた。自動ドア、じゅうたん、明るい照明、受付嬢の視線……。意を決して中に入る。タクシーを呼ぶと、四十分ほどで来てくれると言う。

「バス停のところにいますから。あ、ハギウダと言います」

「はい。ハギワラさんね」

「………」

外に出てバス停のベンチに座る。そうしていても所在ないので、園内をうろつく。すると、バス停では背にしていたので気づかなかったが、間近に遠笠山が姿を見せていた。まるで、昔懐かしい甘食パンのような色と形。その形が端整で、実にいい。立ち止まったまま、しばし仰ぎ見ていた。ここまで歩いてきたから、タクシーを待っていたから、目にすることができた幸運である。

＊

好きなテレビコマーシャルに、こういう作品があった。

北米大陸らしい荒涼とした夕暮れの大地につづく一本道。その脇で一人の青年がトランクに腰かけ、寒そうにバスを待っている。そのとき、空に大きな虹が架かる。そしてナレーション。

「三時間バスを待つ僕が見たのは、息を飲むような美しい光景だった。……待つのもいいものです」

場面変わって東京。室内プールで、その恋人が泳いでいる。プールサイドに上がり、テーブルで彼からの手紙（今のナレーション）を読む。「……待つのもいいものです」。

そして、返事を書く。文面を読む女性の声。

「あなたが大陸を五〇〇〇キロ横断しているあいだに、わたしは五十メートルを泳げるようになりました。……ほめてくださいね」

コマーシャルが終わると、私は思わず心の中でつぶやいてしまう。

うん、うん、ほめてあげるとも！

＊

そう、待っていたからこそ、遠笠山の美しい光景を眺めることができたのである。観光客は誰も気にも留めないが、山頂は物足りなかったが、遠笠山はいい山だと心に刻んでおける光景だった。

山を下りてきて、停留所でバスを待っていたり、駅のベンチで列車を待っていたりする時間はいいものだ。下山地がリゾート施設や賑やかな観光地では味気ないが、のどかな山里だったり、ひなびた駅だったりすれば、より好ましい。

下山後の充足感にひたりながら、おだやかな時間の中にたたずむ、ささやかな幸福感……。もしかしたら、それは、「帰る場所」があるという幸福感なのかもしれない。あるいは、これから生まれ育った「ふるさと」に帰るという、無意識のうちに満たされた帰郷願望がかもし出す、心の平穏なのかもしれない。

空車のタクシーが近づいてきた。バス停の前まで来て止まり、ドアを開ける。

「ハギワラさん？」

「え？　あ、はい」

ザックを抱えて後部座席に乗り込むと、車は伊東駅に向けて、するすると走りだした。

短時間の山歩きでは、またしても膝の具合は分からずじまいだった。もう少し長い距離、大きな山を歩いてみなければ……。

前席の背もたれに押しつけられた膝が話しかけてきた。

また、六時間も七時間も歩けるようになったら、ほめてくださいね……。

ああ、ほめてあげるさ。

# 枯葉のころ

いつの間にか雨の日が好きになっている。時雨に濡れる庭を眺めながら、ふと、そんな自分を感じた。今日は朝から雨なので――天気予報でもそう言っていた――一日、机に向かっていられる。外の作業もしなくていいのだ。「今日は休みなさい」と、雨が言ってくれているのである。

春から秋にかけては、庭木の刈り込みや、土手の草刈りをしなければならない。仕事の合間をみて行なうのだが、雑用が立て込み、できない日がつづくと気が気ではない。夏などは手入れを怠れば、すぐに伸び放題になってしまう。仕事の状況と天気の加減で毎日できるとはかぎらないので、晴れの日は貴重な屋外作業日なのである。

しかし、雨の日は気をもむ必要もない。庭仕事はしたくてもできない。「今日は諦めなさい」

と、雨が耳打ちしているのである。仕事がなければ、一日じゅう本を読んでいてもいいし、机の上に地図を広げて山歩きの計画を立ててもいい。そうして、次に晴れた日にはどうしようか迷うのが常である。草刈りのつづきもしたいし、山にも行きたい。

仕事が忙しくて晴れていても植木の手入れができない日。机に向かっていると、庭からパチン、パチンと小気味よい金属音が聞こえてくる。縁側から庭をうかがうと、剪定鋏を手に、伸びた枝を切っている母の姿が見える。

「仕事が片付いたらやるからいいよ」

と声をかけても、

「おじいさんが遺《のこ》していったものだから……」

などとつぶやきながら、亡き父が植えたツツジやドウダンの形を整えているのである。

繁茂期には庭木の手入れや草刈りに時間を費やすが、秋が深まれば、木も草も冬仕度を始める。ひととおり剪定を済ませてしまえば、あとは師走前に梅の徒長枝を切るくらいで、春まで庭仕事は休眠となる。晴れた日に心置きなく山へ行ける。

「山、行くんなら、おにぎり作ってやろうか？」

山歩きを始めた高校生の頃、山へ行くためにまだ暗いうちに布団を抜け出して出かける仕度をしていると、母が起きてきて、よく言ったものである。

日帰り山行のときは、行きがけに駅弁を購入したり、前日にパンを買っておいたりした。昼飯の心配などしてくれるな、勝手に出かけるからゆっくり寝ていてくれ、と思ったものである。「しなくていいんだよ」と言ってもやってしまう母の性格は、あの頃と変わっていない。何度も繰り返すうちに慣れたのか、今では母が起きてくることはない。山行計画はコピーした地図に歩くルートを赤いペンで記し、帰宅予定時間を書き込んで、前夜のうちに冷蔵庫の扉に貼っておく。

東の空が白み始めた頃、山靴の紐をきゅっと締め、ザックを背負い、私は家出する少年のようにこっそりと家を出ていく。暮れまでにまだ手入れをやり残した木もある。晴れた日に後ろめたい気持ちもあるが、今日は山歩きの日とさせてもらいたい。

駅前のコンビニでおにぎりと飲み物、少しの非常食を買って、ザックに詰める。山歩きを始めた頃に比べてなにが便利になったかといえば、コンビニがどこにでもあり、いつでも食料を手に入れられることである。

クラブ活動で練習試合にでも行くのだろう。坊主頭の学生の一団や、揃いのジャージを着た女生徒のグループが、足元に大きなバッグを置いたまま改札前でたむろしている。仲間の何人かが、白いレジ袋を下げてその輪に加わる。やはりコンビニで昼飯を買ってきたようだ。彼らの脇を抜けて、私は改札を通り、ホームへつづく階段を上がっていく。

*

途中の駅に停まるたびに下車していくほかの登山者たちを見送りながら、二時間ほどかけて列車は片田舎の駅に着いた。田舎といっても、自宅周辺とさほど変わりはない。まわりに山があるかないかくらいの違いである。跨線橋の上から見下ろすと、線路は山裾の形をなぞるようにつづき、細長いホームも、ゆるやかな弧を描いていた。

「××山へ行ってきました」と話をしても、山好きな仲間でさえ「そんな山どこにあるの」と聞き返してきそうな、地味な山ばかりの登山口の駅である。

ザックを背負い、私は日だまりになった小さな駅前広場に立つ。夏には木蔭をつくっていただろう一本の桜の老木が、赤茶まだらの落ち葉を降らせている。背後の山からも風にのって枯葉が舞い落ちてくる。カーブした線路の先に、これから向かう山が、雑木林におおわれたなだらかな姿を見せていた。

狭い坂道を下って、国道に出る。雑貨屋の前を通り、人けのない駐在所を過ぎると、車道から分かれて細い道が上がっていた。歩く横を車が猛スピードでかすめていくような道は好まない。坂を登ってみると、小道は線路沿いにつづいていた。歩きながらポケットから地形図を取り出して確かめると、このまま登山口まで辿れそうである。列車の来ない線路と、民家の生垣に挟まれた静かな道を、のんびり歩いていく。

白壁の土蔵の脇に小さな畑があり、腰の曲がった老婆が鍬を振るっていた。両手で持った鍬を、手拭いをかぶった頭よりも高く上げ、振り下ろす。なにかの作物を植えつけるために、畑の土を起こしているところらしい。歩いていく人の気配に気づいたのか、顔だけを上げてこちらを見た。手を休めたまま、近づいていく私をじっと見ている。

山歩きに来た人が裏道に迷い込んだのではないだろうか。そんな心配げな顔つきだった。残念ながら、見つめられたまま目の前を素通りできるほど、私は図太い神経を持ち合わせてはいない。

「××の集落へはこの道でいいんでしょうか？」

分かっていたが、登山口の集落名を告げ、困ったような表情で訊いてみた。

「ああ、この道を真っ直に行きゃあ着くよ」

老婆は思いのほか元気な声で応え、鍬を杖代わりにして背筋を伸ばした。

「……ありがとうございました」

礼を言いながら小さく頭を下げ、私はまた歩きつづける。今日は道に迷っていた旅の者《もん》の手助けをした。老婆はきっとそんなふうに思ったことだろう。

――こういうのを偽善というのかもしれない。

線路沿いの小道を進みながら、私は思った。だが、こんなことで老婆の心配を拭い去れたのなら、それでいいではないか。

玉石垣の上には丸く刈り込まれたツツジや、真っ赤に色づいたドウダンが植えられている。どの家も、庭木の手入れが行き届いている。まだやり残したままの我家の庭が思い返された。

道は線路を離れていったん川沿いに下ると、鉄橋をくぐり、登り返して件《くだん》の集落に入る。民家が尽きると小さな木の道標があり、山名を書いた板が山道を指していた。

＊

冬も近いというのに、登りでは汗をかいた。山頂でザックを下ろして眺めを楽しんでいると、風がないにもかかわらず、体が冷えてくる。登り始めてすぐに脱いだ防風着を再び着込み、ポケットに手を突っ込む。

前衛峰を越えて痩せ尾根を辿ってきたので、頂上からは列車を降りた駅も、登山口の村も見えないが、それがかえって秘峰めいた雰囲気を感じさせた。

三角点の標石を椅子代わりにして座り、今朝コンビニで買ってきたおにぎりを頬張る。火が移らないように足元の落ち葉を払い、携帯コンロで湯を沸かして、インスタントのコーヒーを入れた。両手で包んだカップの温かみが手の平に伝わってくる。ゆっくりと時間をかけてコーヒーを飲み、コンロの熱が冷めたのを確かめてから片付け始める。

休んでいるあいだも、ほかの登山者が登ってくることはなかった。今日この山を訪れたのは私だけかもしれない。人知れぬ山を好んで歩いているにもかかわらず、誰もやってこないことが寂しくもある。忘れた頃に、ふいに一人や二人連れの登山者に出会うのが、静かな山歩きにはふさわしい。

出発する前にもう一度周囲の展望を楽しみ、頂上に挨拶をする。

「また来るよ」

山頂に背を向け、稜線を辿る。いったん下り、ゆるやかに登り返すと、すぐに電波塔の建つ小さなピークに着いた。歩く人が少ない割に山道が明瞭だったのは、施設の維持管理のために登ってくる人があるからなのだろう。その証拠に、塔のまわりだけ灌木がきれいに刈り払われていた。だが、ここからは地図と経験と勘だけが頼りとなる。

山道のつづきを探すと、傍らの木の枝に赤いビニールテープがリボンのように巻き付けられていた。過信は禁物だが、ほかに頼るものがなければ、かつて誰かが付けたこの印を信じるしかない。岩のあいだを縫うように下っている踏跡に足を踏み入れる。いきなり滑りやすそうな急坂で、木の幹に掴まりながら下るが、途中で手がかりとなるような木がなくなった。仕方なく勢いにまかせて下ると、案の定、足を滑らせて尻もちをつき、五メートルほどそのままの姿勢で落下してしまった。

平坦になったところで立ち上がって、尻の汚れを払う。怪我はない。肘や袖に付いた枯葉の屑を払う。落ち葉の滑り台で遊んだということにして自分を納得させよう。

下り切ると、踏跡は稜線上につづいていた。落ち葉に埋もれているので、足元に岩や木の根があっても分からない。つまずかないように足を上げ、深く降り積もった枯葉を踏みながら歩いた。

シャッ、シャッと枯葉を踏む音だけが林間に響く。立ち止まると音はやみ、また歩きだすと音はついてくる。

起伏の少ない稜線から、踏跡は山肌の南面を巻くようになり、間もなく峠状の鞍部に着いた。古い生活道と思われる山道が、十字路になって稜線を越えていた。地形図を広げて現在位置を確認すると、一か所、稜線を越えて破線道が描かれている場所がある。指導標があって行先を示していれば確実だが、前後の地形と勘でこの場所と判断した。

南に下れば麓の集落を抜けて、朝、列車を降りた駅前からつづく国道に出るはずである。そう決めつけ、山道を下る。しかし、すでに生活道の役割を果たさなくなって久しいのか、稜線上の踏跡よりも薮が多く歩きづらかった。

ちょうど顔の高さに細い枝が張り出していて、手で払いながら進む。こんなとき、剪定鋏を持ってきて、切り落としながら歩きたくなる。剪定鋏をもう一つ、山歩き専用に買おうかと思ったこともある。篠竹が煩わしい道では、刈払機を担いできて、鋸歯状の回転歯で根元から刈りながら歩きたくなる。

どこかの村役場で、山道整備の作業員を募集していないだろうか。ハイキングコースの刈り払いをしながら山歩きが楽しめるのだから一石二鳥である。そんなことを考えたこともあるが、実際にやってみれば、想像するほど楽ではないだろう。作業をしながらでは、山歩きで一日に歩く距離の半分も、いや四分の一も進めないはずである。

山道はしだいにゆるやかになり、麓に近づいてきた。林越しに見える南側の山並みが逆光で水墨画のように霞んでいる。枝を払い、篠竹を分け、ここまで来たらもう集落に出るしかない。そのときは人に出会わないことを祈る。こんなところを歩いている物好きな登山者がいると思われるようで、薮の中から里の道に飛び出すところを見られるのは、なんとなく決まりがわるいものだ。

どこかで干した布団を叩く音が聞こえる。

＊

国道を歩き、今朝、歩き始めた駅に戻ってきた。時刻表を見ると、間もなく上り列車が来る。山を下りてきたら、のんびり山の余韻にひたりながら麓の風情を楽しみたいものである。だが、これを見送れば、次の列車までは小一時間待たなければならない。券売機の前に行き、運賃表を確かめて切符を買う。

隣りの券売機の前には、手提げ鞄を携え、背中を丸めたコート姿の老婦人がいた。硬直したように立ちすくんでいる。新しい機械の操作が分からずに戸惑っている様子である。この時間に駅に来たということは、下りではなく、私とおなじ上り列車に乗るのだろう。列車の時刻が迫ってくる。それでもまだ首をかしげたり、手を伸ばしたり戻したりしている。

金額数字の入ったボタンが並んでいた頃なら、その一つを押せばよかったのだが、今はテレビのような画面に文字や絵柄が表示されている。硬貨を投入してから絵柄や金額が現れるものもある。軽く触れただけでは反応しないときもあるし、ほかにも様々なボタン類が周囲に配されている。どれをどう押せばいいのか分からないのだ。

「どちらまでですか？」

改札口へ向から足を止め、婦人の背後から肩越しに声をかけた。

「え、あ、××駅なんですけど……」

私は再び運賃表を見上げ、

「××駅は八八〇円ですね」

と言いながら、画面上の数字を指さした。婦人が指で画面にふれると切符が出て、大当たりのスロットマシンのように、大量の小銭がジャラジャラと戻ってきた。何度も試しては切符が出ず、おなじ操作を繰り返していたのだろう。

婦人の背中が、なぜか悲しく見えた。昭和を生き抜いてきた老人たちには、今の時代の変化は、ついていけないほど早く、めまぐるしい。便利になった時代の片隅に老人たちを追いやり、そんなことさえ無関心に、私たちは楽になった世の中を享受している。

「……ありがとうございました」

老婦人は釣銭を財布に入れながら頭を下げると、改札へ向かってゆっくりとした足取りで歩いていった。あとを追うように改札を抜けた私が、跨線橋の階段ですぐに婦人を追い抜く。ホームに立って見ていると、婦人は手摺に摑まりながら階段を一段ずつ下りてきた。木の長椅子に鞄を置き、座らずに線路の向こうに目をやっている。

視線の先を見ると、線路脇の小道に、小さい男の子と母親が立っていた。午後の日を背に受け、ホームに向かって手を振っている。母子の姿を認めた老婦人が、手を振り返す。

「おばあちゃ〜ん、またきてね〜」

孫の声に、先ほどの緊張したような顔つきはほころび、おだやかな「おばあちゃん」の顔になっている。あの場所が、見送りのための母子の指定席になっているのかもしれない。

「寒いから、もう帰んな〜」

婦人の声はひとりごとのように小さい。

この山を訪ねるために、季節を変えて、私はまたこの駅に降り立つことだろう。

——また来るよ。

私は勝手に男の子に返事をする。婦人も孫に会うためにまたこの駅に来ることだろう。じきに列車がホームに滑り込み、別れの場面に幕を引いた。

下山したときにはまだ明るかったが、帰りの列車に揺られているあいだに、外はすっかり暗くなっている。

*

帰宅すると、私は二階の部屋にザックを置き、普段着に着替えてから居間に下りていった。

「紅葉はきれいだったかよ」

隣りの台所から母の声が聞こえる。

「下の方だけだったね。上の方はもう終わっていた」

山道で滑ったことは言わない。「しなくていいよ」と言っても、母はいらぬ心配をする。

一息ついて、今朝、読み残した新聞を広げる。見出しを追いながら紙面を繰ると、そのあおりで小さな枯葉が一、二枚、畳の上で舞った。霜枯れて縮んだツツジの葉のようである。稜線の道ではところどころで山ツツジの株を見かけた。歩いているときに服に付いて、あるいはザックに挟まって、家まで来たのだろうか。昼間歩いた山路が思い出される。

晩秋の山は枯葉の匂いがしていた。枯葉の匂いは日だまりの匂いでもある。座敷の片隅で、小さな枯葉が山の匂いを発しているようだった。

だが、と思い返してみる。帰ってからは廊下を抜けて二階へ上がった。だから座敷は通っていない。母がいつも外で着ている薄鼠色の毛糸のチョッキが、部屋の隅に無造作に脱ぎ捨てられている。それにも小さな枯葉が幾枚も貼り付いていていた。

十二月が近づくと、もう水仙の芽が出始める。小さな靴べらのような細くて長い葉が、丸く刈り込んだツツジの蔭のあちこちに、顔をのぞかせる。今日、母は庭の草むしりをしていたのだろう。

「おじいさんが植えていったものだからね……」

そんなことをつぶやき、亡き父と話をしながら、水仙のまわりの冬草を抜いていたのかもしれない。

山は風も弱くいい天気だった。庭も一日、おだやかな日和だったに違いない。

| | | | |
|---|---|---|---|
| 冬隣り | 信州・守屋山（西峰） | 1651m | JR中央線・茅野駅 |
| 孤峰の春 | 御坂・釈迦ヶ岳 | 1641m | JR中央線・石和温泉駅 |
| 春の背中 | 中央沿線・権現山 | 1312m | JR中央線・猿橋駅 |
| 道案内 | ＊ | | |
| 裏山の神様 | ＊ | | |
| 滝から滝へ | 奥多摩・大岳山 | 1266m | JR青梅線・奥多摩駅 |
| 霧の十二ヶ岳 | 御坂・十二ヶ岳 | 1683m | 富士急行線・河口湖駅 |
| 鼻　唄 | 奥多摩・本仁田山 | 1225m | JR青梅線・鳩ノ巣駅 |
| 山の声 | 丹沢・三国山稜（大洞山） | 1384m | JR御殿場線・駿河小山駅 |
| 葉　桜 | 山梨・身延山 | 1153m | JR身延線・身延駅 |
| 遠く離れて | 伊豆・遠笠山 | 1197m | JR伊東線・伊東駅 |
| 枯葉のころ | ＊ | | |

・「＊」印の作品は山そのものに創作を加えているため、山名を伏せています。
・駅名は作品中の起点駅などであり、最寄り駅とは異なる場合があります。

# あとがき

ここ何年か、山行回数がめっきり減ってしまった。山仲間と比べても、もともと回数は多いほうではなかったが、よく出かけていた年の、近年は四分の一にも満たない。体調のせいもあるが（かといって病床に伏しているわけではない）、日常雑事に追い立てられ、なかなかゆとりが得られないせいでもある。

六月に西田書店へ原稿を持ち込み、打ち合わせを済ませると、七月には早くも初校のゲラ刷りが送られてきた。しかし、相変わらずの雑事に追われ、一か月以上も初校刷りは机の脇に置いたまま、手をつけることができなかった。

進行スケジュールに狂いが生じてもいけないと思い、版元の日高さんに連絡を入れた。「今回は難産になりそうです」。すると、「難産であれば、なおさら愛おしい子が生まれるでしょう」との言葉をいただいた。「あわてなくていいですよ」「ゆっくりでいいですよ」と、何度も慰められながら、しかし、それは励ましの言葉でもあった。

それで開き直れた。もともと本づくりは好きな作業である。好きな作業が長引くのなら、その楽しい時間を、ゆっくり味わうことにしようと思った。生まれてくる「愛おしい子」に思いを馳せながら原稿チェックをつづけ、猛暑の夏をやり過ごした。

思えば、自著を含め共著や山仲間の本など、西田書店にお世話になるのは、これで四度目になる。かつて勤務していた会社がおなじ通りの数軒隣りだったというだけの出会いだが、あらためてこの縁を嬉しく、ありがたく思う。

本を読む時間さえ持てずにいた日々。そんな折りにふと気づいた。私は読書が好きなのではなく、本が好きなのだ、本というモノが好きなのだと。読みもしないのに、装丁の好みだけで買ってしまう本もある。「薄い本、軽い本、あるいは小さい本が好きです」との希望を形にしていただいた西田書店の日高徳迪さん、素人の細かい要望に応じてくださった装丁の臼井新太郎さんをはじめ、制作にかかわっていただいた方々に厚く御礼申し上げるとともに、なにより、この本を手にしてくださった読者の方に、心より感謝したい。

めっきり減ってしまった山歩きではあるが、編集作業での読み直しや校正を通じて、おなじ山へ二度三度訪れるという幸せに恵まれた。山へ帰っている時間（編集作業）は、充実した、楽しいものだった。はやりの電子書籍などでは、この楽しみは味わえないだろう。

六月にスタートした作業も、北国や高い山からは初雪の便りが届く季節になった。

紙の本が、いつまでもつづくよう祈りつつ、山靴の紐をほどくことにしよう。

二〇一六年　立冬

萩生田浩

本書収録の各篇は山の文芸誌『ベルク』第九四号（二〇〇三年発行）から第一一三号（二〇一二年発行）に発表したものである。刊行にあたって初出文章に改稿を加え、表記の見直しをした。


**著者について**

萩生田浩（はぎうだ　こう）

一九五七年、東京都生まれ。書店員、地図編集会社勤務を経てフリーとなり、地図の制作や登山ガイドブックの取材執筆を行なう。現在は「山椒堂」の工房名で絵葉書などの制作販売を手掛けている。山歩きは中学時代から始める。人気のある山より人知れぬ山を、日本アルプスより地方の中級山岳を志向する。著書に『それぞれの山』（共著）、『山のかたみ』（共に西田書店刊）がある。山の文芸誌「ベルク」同人。九州「山の図書館」、NPO法人「小野路街づくりの会」会員。住所：東京都町田市小野路町一八〇一

# 山と過ごした一日

二〇一六年一二月二九日　初版第一刷発行

著者　萩生田《はぎうだ》　浩《こう》

発行者／日高徳迪
印刷／平文社
製本／高地製本所

発行所　株式会社西田書店
東京都千代田区神田神保町二―三四　山本ビル
〒101―0051
電話　〇三（三二六一）四五〇九
ファクシミリ　〇三（三二六二）四六四三

ISBN978-4-88866-609-1
定価はカバーに表示してあります。